すぐに役立つ！

発達障害の子がいる保育園での集団づくり・クラスづくりQ&A

福岡 寿

エンパワメント研究所

はじめに

平成25年2月に「こうすればできる！　発達障害の子がいる保育園での集団づくり・クラスづくり」と題した本を出版しました。

そのなかでは、発達障害のある子にとってわかりやすい集団づくりのためには、

①個別対応の必要な園児を集団に参加させていくためには、一対一の関わりを求めてくる園児との関係を強化するのでなく、まずは、活動に参加しようとしている9割の園児をまとめていくことが大切である

②そのためには、集団に参加しようとしている園児が、次はクラスで製作、次は遊戯室でリトミック……と活動を先読みしながら動ける生活の組み立てを継続し、その際、声がけで園児を集めるのではなく、活動で集めていく

③保育士は、こうした園児に対し信頼を裏切らないように、思いつきの活動やルールを提示しない

④園児たちが、わくわく・どきどきできる骨太の活動を組み立てていく

⑤こうした取り組みを継続するなかで、発達障害のある子の不安感や戸惑い、苦手さを理解しながら、徐々に園やクラスの中に安心していられる場所を確保し、活動に

興味をもって参加できる工夫をしていく

⑥そのために加配保育士の仕事は、集団に参加することの苦手な発達障害のある子と、集団から離れた場所でマンツーマンでの関わりを続けるのではなく、黒子となって、クラスの活動にどのように関心を向けさせていくかを常に考え続け、試行錯誤しながら手がかりを探っていく仕事であること

このように、具体的な場面を想定しながら重要なポイントを提案しました。

その後、多くの保育現場で本を手に取っていただき、「今現場で直面している保育課題をリアルにとらえ、日々の保育活動に非常に役に立つ」と評価をいただきました。

またその本のおかげで現場の保育士さんから、クラスづくりにおいて、さまざまな場面における具体的な手立てについての相談を受ける機会がより多くなりました。

こうした経過をふまえ、今回、保育士さんの相談に答える形で、前著の内容をさらに深め、より補強する意味で続編となる本書を執筆しました。

そのため、本書では、すでに前著を読んでいただいているという前提で、集団づくり・クラスづくりの工夫を展開していきます。

前著とセットで読んでいただくなかで、日々の実践の参考にしていただければと思います。

もくじ

第2章

第3章 発達障害児のこんな場面

第4章

★2 発達障害の特性について保護者に理解してもらい、学校にうまく引き継いでいきたい 82
・「園でよくやってもらっている」という保護者の実感が理解を得るためのベース
・園での具体的な配慮を、家庭に継続的に伝えていく

★3 早期受診につなげたいと思うが、きっかけがつかめない 86
・医療機関につなげていくこと、そして診断を受けることを目的にしない
・大切なことは、子どもの発達特性に気づいてもらうこと
・適切な配慮によって園児自身が、自分の苦手さや戸惑いを解決していく力をつけていく

付録 「私たちを支えてくれる支援について」……90
・保健師さんをキーパーソンにどのような支援チームが市町村にできているか 90
・どのような関係機関や支援スタッフに応援してもらえばいい？ 92

あとがき……96

●表紙・本文イラスト 竹内奏子

第1章

主活動を進める保育士

こんな時どうする？

1

活動に園児たちが集まって来てくれないのではないかと気になる

登園後の自由活動が終わり、園児たちがトイレ・手洗いなどをすませ、朝の歌や挨拶を始めていきたいと思いつつも、どうしても集まって来てくれない園児が気になってしまいます。

●活動の開始を知って、クラスに駆け込んでくる園児が出てくれば集団づくりの第一歩

園児たちがトイレや手洗いを終えて、クラスに戻って来る際、「そろそろいつもの歌が始まるぞ……」と、心づもりをもち始めてくると、自ら椅子を自分の座席に運んだり、主活動を進める保育士の動きを見るようになります。

そして、たとえば1曲目の歌が始まった頃に、まだ廊下にいる園児が急ぎ気味にクラスに駆け込んできたり、手洗いを終えてタオルで手を拭き、気もそぞろにクラスの歌に惹かれている様子が見られるようになれば、集団の活動づくりができつつあると判断できます。

●朝の歌1曲といえども選曲は真剣に

そのためにも、歌1曲をとっても保育士はルーチン活動と思わずに、「園児たちが口ずさみたくなるような歌、心が動くような歌」を選曲することが必要です。

特に発達障害のある子にとって、歌っているお友だちの様子を模倣することは苦手な活動の1つです。

そのため、歌の内容を補強してくれるような視覚に訴える道具を用意したり、歌に合わせて身体の動きが伴うような曲をレパートリーに必ず入れることが大切です。

歌に合わせた身体の動きも、「また、この動きになるぞ」と園児たちが予測できるような反復性をもった（繰り返しのフレーズや振りつけなどが入った）歌がクラスづくりの最初には適しています。

そのような曲を毎朝歌っているクラスでは、他のクラスの園児が廊下を通りかかった時に、ふと歌に触発されてクラスを覗いていったりするものです。

「始まったぞ！」とクラスに駆け込んでくる

逆に自分のクラスの園児が、他のクラスから聞こえてくる歌に気が取られている様子があるとすれば、むしろ、そのクラスの歌の何（物語性、反復性、動きなど）に園児の心が惹かれているのか探る必要があります。

●保育士の読み聞かせの時にも、園児が集中する瞬間があるか

紙芝居や絵本読みなども同様です。

最初はざわついていたり落ち着きがなくとも、ふとした瞬間に、園児たちが絵本や紙芝居の中身に集中する一瞬が見られれば、園児たちは保育士の提供する活動を信頼し始めていると判断できます。

そのような場面では落ち着きがなかったり、紙芝居のような物語を「聴く」という情報の取り込みが苦手な発達障害のある子であっても、つい紙芝居に視覚的に引き寄せられ、立ったままでも紙

立ったまま読み聞かせに注目している園児を、
加配保育士がそっと椅子に誘導

芝居に注視するようになります。

そうした場面を察知して、加配保育士等が紙芝居に注視し始めた発達障害のある子をそっと膝や椅子に誘導することが大切です。

そのため、保育士にとっては絵本や紙芝居ひとつとっても、その選定が大切です。

最初から登場人物が多すぎたり展開が予測できなかったり、逆に物語性のない平板なストーリーのものは避けるべきでしょう。

むしろ、園児たちが予測できるような反復するストーリーや、そのつど園児たちが一緒にパターン化された合いの手などを挟み込めるような内容のものが適しています。

もちろん、その際、ピアノを弾いたり絵本を読む保育士のスキルは欠かせません。

伴奏が流暢でなかったりテンポがずれたり、絵本の読み聞かせが棒読みであったり平板では園児の信頼を得ることはできません。

こんなくふう！

歌を歌いながらの手洗い

手を洗い始めると遊びになってしまい、なかなか手洗いを切り上げられないA君がいました。保育士は、手洗いの時の歌を決め、A君が手洗いを始めると「手洗いの歌」を歌いながら、一緒に手洗いを始め、歌が終わると同時に「はい、おしまい」と切り上げる取り組みを続けました。この工夫でA君は手洗いを始めると、いつもの歌を歌い始め、歌が終わると蛇口を閉めて手洗いを切り上げられるようになりました。

こんな時どうする？

2

注目を引こうとする園児の動きに気をうばわれてしまう

朝の点呼や挨拶、一日のスケジュール確認などの時間に、保育士に話しかけてきたり、自分の事情を話し始めたり、小さなトラブルで注目を引こうとする園児がいて、その動きに保育士も引っ張られて活動が止まってしまいがちになります。

●個の受け止めをしつつも、視線は全体からそらさない

主活動を進める保育士は、そのような場面でも、視線を園児全体からそらすことなく、活動を進めることが大切です。

状況によっては、話しかけてきたり、あるいは保育士の注目を引こうとする園児に対して、受け流すことができないこともあります。その時は、関わりを求めてくる園児に対して「受け止めましたよ」というなんらかのサイン（表情やさりげないボディタッチなど）を示すことも必要な場面があります。しかし、そうした場面でも視線そのものを全体から個に移してしまわないよう配慮し続けることが大切です。

保育士が特定の園児に視線を向けてしまうと、保育士に注視している他の園児たちは、保育士が視線を移したその先の状況に関心を向けてしまう

ことになります。

しかし、実際の場面では、特定の園児の動きに惑わされず全体に注意を払い続けることは容易ではありません。

主活動を進めている最中に、特定の園児から突然話しかけられたりした場合、どうしても保育士の意識が特定の園児に向かってしまうことが多く、「つい耳を傾けてしまい、瞬間、自分自身が固まってしまう」と話す保育士さんが多くいます。

むしろ、日々の積み重ねのなかで、話しかけようとする園児のタイミングをとらえ、瞬間ジェスチャーなどでその動きを制しつつ全体に語りかけられるスキルを身につけていくことが必要です。

話しかけてくる園児にボディタッチをしつつ、全体に話しかける

●保育士との個人的関係への興味から必ず活動への興味にスライドさせていくという決意

　主活動を進める保育士としては、「今は保育士との一対一の関係を求めてくる園児であっても、手ごたえのある活動や取り組みを進めていくなかで、必ず活動に集中できる園児に育てていこう」、こうした決意をもって取り組んでほしいと思います。とりわけ「園児」としてふるまうことが苦手な素のままの園児の多いクラスでは、保育士は「子どもたちと仲よくなろう、お友だちになろう」という姿勢を改め、「子どもたちにやりがいのある活動を提供していこう」「またやってみたいという活動を工夫していこう」「そのための取り組みを考える保育士になろう」という姿勢に切り替えていく必要があります。

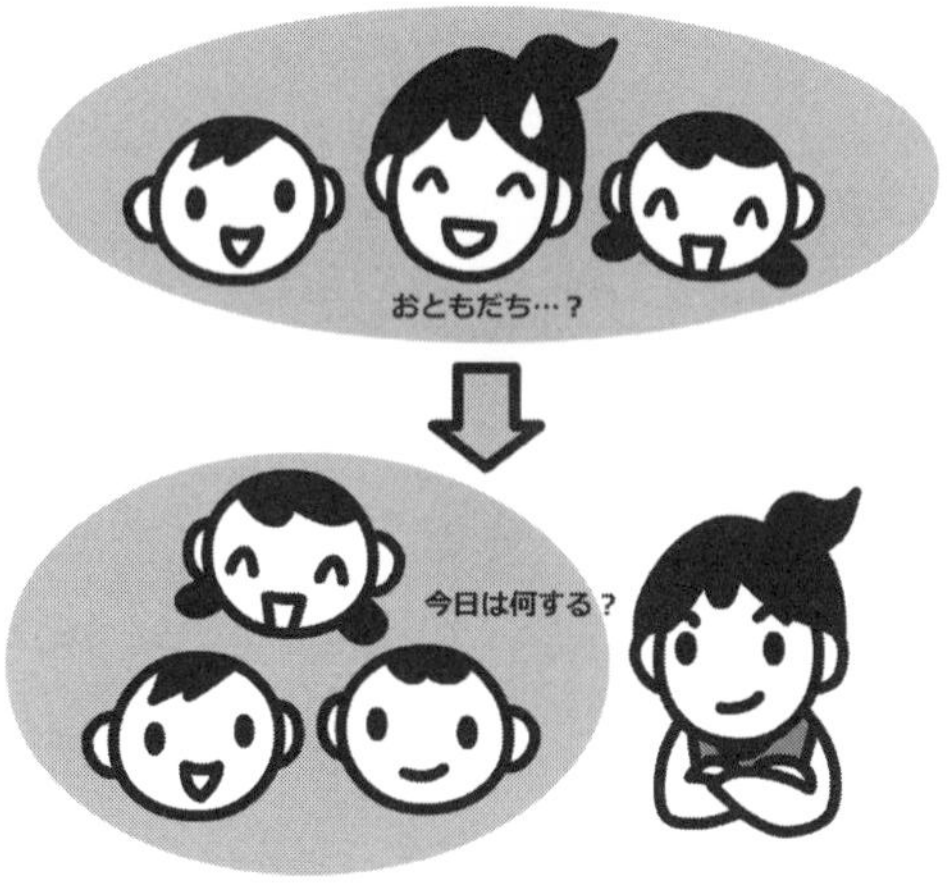

園児とお友だちの保育士から
手ごたえある活動を仕組む保育士へ

園児との友だち関係を強化したり、一対一の関係を延々と続けてしまうと、園児一人ひとりが集団への帰属意識をもち、クラスの活動に参画していこうという気持ちを育てることがより難しくなります。

園児からは「〇〇先生はお友だちではなく、わくわくする活動、手ごたえのある活動を提案してくれる大人」という受け止めをされる保育士になってほしいと思います。

●全体の動きに支障をきたす時は加配保育士の対応で個別的な配慮を

そのなかで、発達障害のある子が個々の関係を強く求めてきたり落ち着くことができず、全体活動を進めていけない状況にクラスがある場合には、無理にクラスに留めようとするよりは、加配保育士や園長、あるいは園全体の協力を得ながら、いったん集団から離して落ち着く場を保障してあげることです。

その際、出ていかれてしまったものを追認するのではなく、むしろ保育士の判断で退席させるという保育士の姿勢が大切です。

同様にクラスから出て行かれてしまい、たまたま気に入った園長室に入ってしまったので、そこで視野に入ったパソコンを触らせてしまうという追認ではなく、保育士の判断で安心できる園長室のコーナーを確保し、場当たり的でないあらかじめ用意されたグッズやおもちゃで過ごすという保育士の主導による取り組みにすることが大切です。

こうした個別対応をとりながら、クラスにいられず保育士の判断で退席させた発達障害のある子が、必ずクラスをのぞかずにはいられなくなるような手ごたえのある活動をクラスで積み重ねていくことが大切です。

こんな時どうする？

3 気がつくと、指示や声かけがどうしても多くなってしまう

保育士自身の指示や声かけなどが、クラス全体の刺激をかえって増やし、さらにクラスを騒がしくさせてしまうことはわかっているのですが、ついついクラスが落ち着いてくれないと指示や声かけが多くなってしまいます。

●日頃の無意識な指示や声かけを振り返ってみる

保育士の指示を園児たちは聞いてくれないのではないか？　意図したように園児たちが動いてくれないのではないか？　こうした不安感をもつ保育士ほど、指示や声かけ、個々の園児への世話焼きを増やしてしまう傾向が強いようです。

保育士は折にふれ、自らが無意識に出している指示や声かけのなかで、必要な声かけと不要な声かけについて振り返ってみる必要があります。

たとえば、人は暗い部屋に入ったとき、誰の指示がなくとも電気をつけます。あるいは、天ぷらを揚げようとコンロに鍋をかけた時、誰の指示がなくともコンロのスイッチをひねります。それは、その場の「暗い」という先行刺激によって自動的に喚起される「電気をつける」という判断が本人に起きるからです。

こうした先行刺激が用意されている時に、個々に「電気をつけて！」あるいは「スイッチをひねって」という指示は不要です。しかし、このような指示がなくとも当然起こす行動に対しても、不安な保育士は頻繁な指示を出しがちです。

もともと発達がゆっくりであったり、聴覚からの情報の取り込みのみでは活動記憶を留めておくことの苦手な発達障害のある子であっても、暗い部屋に入れば電気をつけるという行動は起こします。

保育現場であっても、おかれた環境や先行刺激に基づいて、通常園児たちは、特別に保育士の指示がなくとも行動を起こせるものです。

一方、暗い部屋では当然、電気をつける人であっても、明るい日中には電気をつけっぱなしのまま気づかずに、消すことを忘れてしまうことはあります。それは、おかれた環境（明るい）に「電気を消す」という行動を喚起するための先行刺激がないからです。そこにこそ、なんらかの「消す」ための取り組みや工夫が必要になります。

頻繁に指示を出しがちな保育士は、あらためて自身が、必要な指示と不要な指示をきちんと判断したうえで出しているか、折に触れて振り返ってほしいと思います。

暗い部屋で「電気をつけて」の
指示は不要

保育士が無意識に指示を出し続けるクラスは、刺激が慢性化し「聞く」という意識をむしろ園児から奪ってしまっているといえます。

●園生活では、そのつどの指示でルーチン化できるしつけは少ない

園生活に置き換えてみると、トイレから出てきて手を洗った園児たちは、ペーパータオルを使うか個々のタオルを使うか、あるいは服で拭うかは別にして、特段の指示がなくとも、通常は濡れた手をなんとかしたいと思うものです。ここに特別な取り組みは不要です。

もし、保育士が「必ず、園児個々のネーム入りタオルで手を拭くことをしつけたい」と意図した時には、そこではじめてなんらかの取り組みが必要になります。

しかし、その際、単に「洗った手を個々のタオルで拭く」という、一見簡単に見えるしつけであっても、「洗った手を自分のタオルで拭きなさい」程度の指示や、そのつどの声かけでは、仮に多くの園児が習慣化できたとしても、発達障害のある子で短期記憶を留めておくことの苦手な子にとっては「洗った手を自分のタオルで拭く」ことを習慣化させていくことは容易ではありません。

通常、多くの園児は特別指示されなくとも、最初から個々のネーム入りタオルで手を拭きます。こうした園児にはそもそも、そのつど「洗った手を自分のタオルで拭きなさい」という声かけや指示そのものが不要です。あるいは、最初に1回だけ声かけなり指示をすることで定着するものです。

一方で発達障害のある子やなんとなく落ち着きのない子で、いつも手順をとばしてしまったり注意がそれてしまいやすい園児にとっては、声かけのみの指示でそのような習慣が身につくものでは

ありません。おそらく、なかなか習慣化されないために、そのつど声かけを半ば無意識に繰り返す日常になってしまいます。

「洗った手を自分のタオルで拭く」という一見容易に見える習慣であっても、発達障害のある子にそれを定着させるにはどうしたらよいでしょうか。たとえば、トイレ入り口の手洗い場と、クラスの入り口の手拭きタオルが離れすぎていて、移動の途中で別の刺激に興味が奪われ「自分のタオルで手を拭く」という短期記憶が消えてしまってはいけません。その際には、「手を洗って振り向いたらすぐタオルが視角に入る位置に手拭きタオルを用意しよう」「自分のタオルで拭くという行為に心が動くように、お気に入りのキャラクターやマークの入ったタオルを家庭と相談して用意しよう」など、工夫と取り組みが求められます。

つまり「洗った手を個々のネーム入りタオルで

トイレにくつ箱を用意

トイレでは、いつも、上履きを脱いだままにしたり、上履きや裸足のままでトイレに入っていってしまう園児が多くいました。保育士は、あえて、トイレの入り口にくつ箱を用意し、上履きを脱いだらくつ箱にしまい、くつ箱からトイレ用のスリッパを取り出し、そのスリッパをはいてトイレに入るという手順を用意しました。こうした手順をあえて加えることで、園児たちは上履きを脱いだままにしたり、上履きのまま、あるいは、裸足のままでトイレに行くことがなくなりました。これは発達障害のあるA君にもスムースに定着しました。

拭きなさい」という、そのつどの「声かけ」は、実は通常の園児にとっては余計なお節介に近い不要な「声かけ」であり、発達障害のある子にとっては、効果の薄い「声かけ」という「取り組み」です。

たとえば、園庭に遊びに行こうとする時に、「靴を履きなさい」と指示しなくとも、ほとんどの園児は靴を履きます。もちろん電気のつけっぱなしと同様に、脱いだ靴をそのままにしてくつ箱にしまい忘れることはあります。

指示を多く出してしまう保育士は、あらためて不要な指示（「靴を履く」）と必要な指示（取り組み・「靴をくつ箱に収納」）を整理してみる必要があります。

そのなかで大多数の園児が本来指示がなくてもできる動きには、意識的に指示を出さないことが大切です。

●声かけや指示で解決できないことが、工夫を必要とする「取り組み」になる

大多数の園児が本来指示がなくともできる、いわばルーチンとして習慣化できる動きであるにもかかわらず、どうしても靴を履こうとしない園児や、裸足でないと外に出られない園児がいた時に、保育士はそれが発達障害のある子の「こだわり」なのか、特異な感覚刺激からくるものなのかを見極め、そして、そのつどの声かけや指示のみでは習慣化が難しいことを念頭において、取り組み方法を模索することになります。

逆に「いかに不用意な指示や声かけを減らしていくか」という意図をもった保育士の中には、たとえば、クラスから遊戯室に移動する際に園児が整列したタイミングで、あえて「行きますよ、出

発！」などの指示を出さずに、クラスの電気を消す（先行刺激）、あるいは部屋のストーブのスイッチを切ることにより、特段の声かけや指示を控え、自動的にクラスから園児が移動する動きを意識的に強化している保育士もいます。

筆者の実感としては、クラスをまとめていくことに不安な保育士ほど指示や声かけが多くなると感じています。特に無意識に繰り返し言葉（「そうそう…」「まって、まって…」「いいよ、いいよ…」）を連呼している場合には、むしろ、クラスの園児が見えなくなってしまい、保育士自らが自分の安定のために声を発しているという傾向が見られます。

部屋のスイッチを消すと
同時にスタートする園児たち

こんなくふう！

朝の会でミッキーマウス

朝の会で、あいさつや保育士の話を落ち着いて聞くことができず、席を立ったり、クラスから出ていってしまうA君。保育士は手にミッキーマウスやドナルドダックの人形を持ち、腹話術のようにお話をすることにしました。それ以降、A君は、ミッキーマウスなどの人形に焦点をあて、席に座ってお話を聞くことができるようになりました。

こんな時どうする？

4

きちんと整列させたり、着座させたりすることに意識がいってしまう

きちんと整列してくれなかったり、スムースに着座してくれなかったりすると、整列の声かけが強めになったり、頻繁になってしまいます。園児たちも「並ばされている」感じになってしまいます。何か間違っているのではないかなと思うのですが。

●「何のために整列させているのか」をあらためて振り返って見る

きちんと整列させることや着座させることが取り組みの中心になってしまい、「なんとか整列させたい」「なんとか揃えたい」という保育士側の思いが強くなってしまうと、指示も強めになったり、整列の乱れが必要以上に気になってしまいます。

そうした日々の積み重ねが続くと、園児たちもなんとなく気が乗らないのに整列させられているという気持ちになってきてしまいます。

そもそも、なんで整列するのか？　なんで着座するのか？　その意味を振り返ってみる必要があります。

もちろん、園児たちが落ち着いて整列してくれたり静かに着座してくれることは、しつけやマナーとして保育士にとってはうれしいことです。

しかし、決して「よい子」あるいは「行儀のよ

い子」でいさせるために整列させるのではありません。

整列する目的は無用な混乱やトラブルがなく次の場所に移動し、スムースに活動するためであり、またタイミングよく手ごたえある活動に入っていけるよう、できるだけ説明を混乱なくするために着座してもらうのです。

目的は「手ごたえある活動をする」ことであり、整列や着座はそのための「手段」にすぎないという、そもそもの必要性の原点に戻ってみてください。

●「プラス0度の整列」と「マイナス0度の整列」

筆者はある科学の本で、「日常生活においては絶対0度というのは存在しない、存在するのは、プラス0度かマイナス0度のどちらかだ」と読んだ記憶があります。

プラス0度というのは溶ける方向に向かう0度であり、マイナス0度というのは凍る方向に向かう0度であるという説明でした。

これになぞらえると、一見静かな落ち着いた整列でも、「早く次の活動に行きたいから並んだ」整列と「保育士がとにかく『並びなさい！』と強く指示するので並んだ」整列では同じ整列でもずいぶん違います。

前者を「プラス0度の整列」とすると後者は「マイナス0度の整列」とたとえてもよいと思います。「マイナス0度の整列」が積み重なると、園児は保育士の指示に従わされている日常になってしまいます。

大切なのは、「早くあの活動をしたい」「また、あの取り組みをしたい」という園児の思いからスタートした整列を目指すことです。

そのためには、やはり園児たちにとって心の動く、手ごたえのある取り組みが活動の中心であってほしいと思います。整った整列はそうした取り組みの結果にすぎません。

つまり、目的は「よい活動をする」ことであり、「整列」はそのための手段にすぎません。

そうした意味では、園児たちは「『よい子』だからよい活動をする」「『よい子』という姿勢をみせてくれたからご褒美としてよい活動を提供する」というのではなく、「よい活動ができるから『よい子』になる」「意欲的な生活ができているから、しつけを理解してくれる『よい子』になる」といえます。

特に、見通しの立たない「整列」に不安があったり、「整列」の意味理解が苦手だったり、「整列」という単に「儀式」を真似る活動が苦手な発達障害のある子にとって、こうした「マイナス0度の整列」は、最も苦手な場面のひとつになってしま

「並ばされている整列」（マイナス0度）と
「勇んで並ぶ整列」（プラス0度）

います。

特に、卒園式や入園式は儀式的な活動の集大成ともいえます。

「ステージで祝辞を述べる人は偉い人」だから、お話の内容がわからなくてもじっとしていなくてはいけない。卒園証書というのがライフステージの節目として何を意味しているのかわからない。でも、お友だちと同じように「手をパチパチ」「拍手?」をしないといけない。そして、この意味のわからない時間がいつまで続くのかもわからない。

このような、意味理解のわからない時間が延々と続く儀式の間、抽象的な「よい子でずっといる」ということが、発達障害のある子にはとても苦痛な時間になってしまいます。

「プラス0度の整列」「マイナス0度の園庭集合」「プラス0度の着座」そのような表現で日々の取り組みを振り返ってみてください。

「1番はいろいろ」作戦

A君は、整列して移動する際、いつも、先頭に並ばないとかんしゃくを起こしたり、お友だちとトラブルになることがたびたびでした。そこで、保育士はA君に絵本を見せながら「野球の1番は4番打者、リレーの1番はアンカー…」と、1番にもいろいろあることを説明しました。その後も1番のこだわりは残りましたが「僕は4番打者だから、今日は4番目に並ぶ」「僕はアンカーだから、今日は最後に並ぶ」と少しづつ、並ぶこだわりにも融通がきくようになってきました。

こんな時どうする？

5 十分な準備ができずに活動に入らざるを得ない日がある

思いつきの活動や思いつきのルールを提示してはいけないと思いつつも、翌日の活動を十分シミュレーションできなかったり、きちんと準備ができないまま取り組んでしまうことも多いのが日常です。これではいけないと思うのですが。

●特定の園児たちの「〇〇したい」コールで活動を進めない

日常の保育活動では、十分な準備ができないいまま取り組まざるを得ない活動や、園児たちに約束やルールを提示する余裕もなく、その日をしのがなくてはいけない場面も多いのが現実です。

その際、どんな活動をするか、どう進めるかなどについて、自信なげに園児に対して「どうする？」と安易に聞いてしまい、特定の園児の「〇〇したい」コールで活動を展開してしまったり、園児からの要求に対して「じゃ、今日だけ特別にもう1回」と、安易に約束やルールとして要求を位置づけないようにすることが大切です。

こうした対応が続くと、子どもたちは保育士を信頼しなくなります。そして、保育士側は、園児の要求を後付け的（追認）にルール化することが繰り返されることになります。

あるクラスで、給食のおかずを食べられないので減らしてほしいという園児の要求に対して、保育士が「じゃ、半分だけね」と応じてしまったため､この「半分」がその後のクラスのルールになってしまいました。

そのため日によっては、「いただきます」と同時に「減らしてほしい」と、園児たちが列をつくるようになってしまいました。

むしろ突然の要求の際には、特にルール化したり無理に約束させようとせずに、淡々と対応し、園児たちが降園したあとで、「明日からどういう約束で園児たちと信頼関係をつくっていこうか」といった作戦を練ってみてください。

「おかずを減らして」の要求に
「じゃ、半分だけ」と仕方なく応ずる

●発達障害のある子は、思いつきのルールでより混乱

保育士の思いつきであっても、いったん位置づけられたルールになってしまうと、特に発達障害のある子は、そのルールをお友だちにも厳格に守らせようとしたり、ルールを守れなかったお友だちを責めてしまったりすることがあります。

さらに、その後の追認的なルールや細分化された微妙なルールが増えるなかで無用なトラブルや混乱が増えていってしまい、収集がつかなくなってしまうことがあります。

こうした思いつきのルールの繰り返しで、頻繁にかんしゃくを起こしてしまう園児を保育士側がつくり出してしまうこともあります。

●予定しないで進めてしまった取り組みは、その日のうちに必ず振り返る

あるクラスで、翌日予定していた「苗の水やり」が園の事情で前倒しになってしまった日がありました。

保育士は、①各自の水やり用ペットボトルの配付、②苗に並んでの各自の水やりのルール（1苗に1人、足りない苗へ追加の水やりを誰がするか）、③ペットボトルの片づけ…など予定せずに園児に指示することとなりました。

しかし、その日の夕方、保育士は、翌日に向け、園児の信頼を裏切らないよう、当日、たまたま置いたペットボトル収納カゴの位置、片づける位置、追加水やりのルールなど、翌日につなげるよう一連の流れを振り返っていました。

こうした振り返りをしながら翌日に向かうこと

で、無用な混乱を拡大させることなく園児の信頼を崩さずに活動を組み立て直していくことができます。

必ずその日のうちに振り返る（ペットボトルの位置、片づける位置、水やりルール）

クラスに2つの席を用意

A君は、お絵かきや粘土での製作では、自分の席で落ち着いて製作に取り組めますが、製作を始める前の保育士の説明の時間帯や、製作が終わってすることがなくなると、席を離れて室内を歩きまわったり、時には、部屋から出て行ってしまうことがありました。そこで保育士は、クラスのコーナーにもう1か所机と席を用意し、A君の好きなミニカーのミニ絵本を、飽きてしまったらそこで見てよいことにしました。その後、A君は、保育士の説明が始まるとコーナーの席に移ってミニ絵本を見ながら、製作が始まるといつもの席に戻ってきたり、製作が終わるとコーナーの席でミニ絵本を見て過ごせるようになりました。

こんな時どうする？

6 トラブルが続出したり、移動に手間取ったり、活動も思うように組めない日が続いている

お友だちに衝動的に手を出してしまう園児が何人かいて、クラスが騒然としています。保育士はそのつどのトラブルの調整や個別対応に振り回されて、落ち着いた活動が組めない日々が続いています。どのようにまとまりをつくっていけばよいでしょうか。

●まずは、園児たちに、クラスが絶対安全地帯であることを保障していく

トラブルが続出するクラスでは、トラブルになってから保育士が後追い的に対応したり、手が出たお友だちに注意をしたり、反省させたりする個別対応が多くなりがちです。

また、そうした個別対応の最中に、別のところでトラブルが生まれるという日々が繰り返されている風景が多く見られます。

トラブルになってしまった後でさまざまな対応を講じて、反省や仲直りをしても、単に対症療法的な場面対応に終始するに留まります。

保育士は、手が出る前に止める、トラブルが続出しそうな場面や時間帯にはとりわけ注意を払って未然に防ぐ、クラスの園児たちに「このクラスは大人の私たち保育士がいるので、絶対安心」というメッセージを出し続けてほしいと思います。

そのためには、保育士は緊張感をもって、機敏な動きをし続ける必要があります。

筆者はよく「この次どのような状況になるかという行動予測をしながら、0・3秒の反射神経で動いてください」と保育士にお願いします。

「この活動が続くと、○○君はおそらく○○君に手が出てしまう」「このにぎやかなお友だちの中に入ると、○○君はおそらくまわりのお友だちとトラブルになる」。こうした行動予測をしつつ、瞬間で止められる位置を確保しながら機敏に対応することが必要です。

その際、どうしても防げないトラブルがあったり、完ぺきに守りきることはできないにしても、起きてしまったトラブル調整に時間を割いたり、個別対応にエネルギーを注ぎ、その結果として、活動の空白時間をつくってしまい、多くの園児を延々と待たせてしまうことのないように活動を進めていくことが先決です。そして、以前は待たせてしまっていた時間を、多くの園児が夢中になれる活動時間に変えていくことがクラスづくりの第一歩になります。

園児を守りきる保育士の機敏な動き

●儀式的な活動やしつけを優先しない。単に待つだけの時間や空白時間をつくらない。そして、園児たちが夢中になれる単純な遊びを用意していく

トラブルを未然に防ぐための機敏な動きを日常にしつつ、同時に、園児たちが夢中になれる活動（追いかけっこ、リトミック、サーキット、そのつど流行っている、たとえば妖怪体操など）を主活動の時間帯に2〜3種類用意し、その活動をしっかりと積み上げていくと効果的です。

その際、たとえば、遊戯室への移動のための整列に時間を費やしたり、活動の説明に時間を割いたり、あるいは、園児たちの心の動かない儀式的な活動（朝の挨拶や点呼）を優先させたりせず、日々積み上げてきた夢中になれる活動を組んでいくことが大切です。

こうした日々を積み重ねていくと、「次は遊戯室で○○遊び」「次は部屋に戻って○○遊び」…と多くの園児たちが「プラス0度の気持ち」に駆られた動きに変わり、結果として停滞せずに、適度に活動が流れるクラスに変容していきます。

そのなかで、これまで空白時間や待たされている間に多く発生していたトラブルが徐々に減っていきます。また、動的な活動と活動の合間にクールダウンとして、各自で椅子に座って絵本を読むなどの落ち着いた、静的な活動時間を徐々に導入していけるようになります。

整列や儀式的活動も「心の動く活動」の積み上げのなかで、やがて導入していくことができるようになります。

●そのために、主活動の保育士と加配や補助で入る保育士の密な連携

トラブル続出のクラスでは、1人の保育士では対応が困難です。加配保育士や補助的に応援してもらえる保育士にも入ってもらい、密な連携でこうした取り組みを積み上げる必要があります。

具体的には、主活動を担う保育士は、個々の園児のトラブル調整に走るのではなく、空白時間をつくらず、園児たちを待たせずに活動を組み立てていく、その際、あまり儀式的な時間やしつけにエネルギーを注がないなどの配慮が大切です。

一方で加配保育士や補助で入る保育士は、動きに緊張感と機敏さをもちながら、トラブルを未然に防ぎ、園児たちにクラスでの安心感を保障しつつ、合わせて、活動が停滞せずに流れるよう、準備や道具の用意などに、迷いなく取り組んでいっ

夢中になれる遊びを、テンポよくつなげていく

てほしいと思います。

●園児たちが移動した先で保育士不在の場面をつくらない

また主活動の保育士と加配や補助で入る保育士の密な連携のなかで、とりわけ重要な役割分担として、園児たちが移動した先で保育士が不在のままの場面や時間をつくらないよう、必ず園児の移動先には司令塔となる保育士が1人いる状況を用意することです。

とりわけ遊戯室でのボールゲームやプールでの活動など、特に動的な活動の後、園児たちがクラスに戻ってきた時に、次の活動や取り組みを用意する保育士が不在という場面でトラブルが頻発することが多く見られます。

保育士の役割分担がないまま、ある保育士は園児の水着を洗濯機に入れていたり、別の保育士は、最後まで手間取ってしまった園児の着替えの補助をしていたりで、結果として、クラスに保育士が誰もいないということになってしまいがちです。

トラブルが続出したり、落ち着いた活動の組めない段階では、必ず保育士は園児の移動した先で、園児たちを待っていて、次の活動の手がかり（各自が持ってきた水着を収納かごに入れる。園児全員が戻るまで、クラスのコーナーで絵本を読んで待つなど）を用意しておくことが大切です。

このような連携を進めていくなかで、気がついたらプールから戻ってきた多くの園児が、すでにクラスのコーナーで絵本を開いていたという風景が見られるようになってくれば、クラスが集団としてできつつある兆候と判断できます。

こうした風景が日常化してくれば、保育士が不在であっても、園児たちが移動した先でトラブルなく、自ら時間を過ごせるようになります。

COLUMN
コラム

儀式的な活動や、焦点の定まらない活動時間が続かない配慮を

発達障害のある子は焦点の定まる物（おもちゃ、グッズなど）に関心をもつことは得意ですが、焦点の定まらないものに関心をもち続けることは苦手です。

特に朝の活動時は、歌・リズム・あいさつ・点呼などといった儀式的で、焦点の定まらない活動につき合い続けなくてはなりません。そのためお友だちが歌っていても、傍観者的にただ並んでいるだけだったり、リズムになるとその場から離れたくなったり、あいさつや点呼の時間帯はじっと着座し続けることができず、席を立って歩きだしてしまったりします。

保育士は、こうした焦点が定まらない活動が延々とメリハリなく続くことがないよう活動の組み立てを工夫することが大切です。

歌に視覚の手がかりとなるグッズを使ったり、動きの入る振りを入れたり、点呼時も園児を受身的に呼ばれるまでじっとさせているのではなく、お友だちの名前を確認するためのカードを提示したりして刺激のメリハリを加える工夫が必要です。

こうした活動の工夫を継続するなかで、少し持ちこたえられなくなっても、お気に入りグッズを手にしているだけで座り続けていることができるようになってきます。

紙芝居や絵本読みといった活動では、紙芝居や絵本という焦点の定まるものそのものに興味を示すことができますが、紙芝居や絵本を読んでいる場面は注目すべき焦点の定まらない時間帯になります。

こうした活動時間につき合い続けることが苦手でも、保育士の読み

聞かせ（紙芝居や絵本）にある程度適応できる状況になると、歌、リズム、あいさつなども、焦点の定まるグッズ（歌詞カードのパネルなど）を見せながら興味を持続させて、参加できるようになってきます。

焦点が定まらない活動という意味では、入園式や卒園式などの儀式は、発達障害のある子にとって最も苦手な場面のひとつです。

毎朝の儀式的な活動を工夫し組み立てていく延長線上に、入園式や卒園式などの儀式的行事があるといえます。

日々、活動や刺激のメリハリを考えながら、参加したくなる儀式的活動を継続している保育園の積み上げの総決算として、卒園式などを位置づけていってほしいと思います。

第2章

加配保育士の動き

こんな時どうする？

1 クラスの集団に加えたいとあせってかんしゃくを起こさせてしまう

何とかお友だちの集団の中に加えてあげたいと思い、園の中やクラスに誘導しようと、やむを得ずおんぶやだっこで連れて行こうとするのですが、かえって不安定にしてしまったりかんしゃくを起こしてしまったりします。

●やみくもに参加させようとせず、まずは園の中に安心できる場所を見つける

おんぶやだっこ、手を引いての誘導などで、やみくもに園の中やクラス、集団の中につれて行こうとする対応を続けていると、園児の不安感やかんしゃくを起こすだけではありません。手をつなごうとすると振り払って拒否をしたり、立たせようとしたり抱きかかえようとすると、身体をことさらだらんとさせて抵抗するようになります。

こうした対応は、園児との信頼関係を壊すばかりでなく、かんしゃくを増幅させて二次障害をつくり出すことにもなります。

まずは、「あわてない、あわてない」と心に決めて、園の中で、保育士がおんぶやだっこをしてもいいので落ち着ける場所を見つけることです。

通常、玄関のすぐ脇にある園長室のコーナーや

普段お友だちが行かない給食室に面した廊下や遊戯室のステージ脇のコーナーなど、園児の落ち着ける場所を探り当てられるものです。

しかし、落ち着けるからと何の準備もなしに園長室につれて行ってしまい、視覚に入った、パソコンなどに触ってしまうという誤学習をしてしまうと、その後、園長室に行くことが許されなくなってしまいます。

そのため、事前に家庭と情報交換をしながら、おんぶやだっこ、あるいは、手を引いて誘導する時に、手に持たせると落ち着くグッズ、場所を決めた時に数分でもいいので興味のもてるおもちゃなどを用意し、準備を整えたうえで、落ち着ける場所で保育士と過ごせる配慮が必要です。

しかし、その際、落ち着かせようとあらゆるグッズやおもちゃを用意してしまうと、その場で園児がとりとめのないグッズいじりを延々と続けてし

「あわてない、あわてない」と
心に決めて、園内の落ち着ける場で、
選んだおもちゃで過ごす

まうことになります。その後クラスなどに気持ちを向けさせるきっかけを失ってしまうため、当初はやむを得ないにしても、徐々に「○○の場では○○のグッズやおもちゃ」「△△の場では△△のグッズやおもちゃ」と絞り込むことが大切です。

たとえば、園長室のコーナーでは「トミカのミニ絵本」か「トーマスのミニ絵本」、給食室の廊下では「昆虫図鑑」か「昆虫のフィギア」と決め、できたら、どちらにするか選べるような配慮をし、「登園したら、園長室のコーナーで○○のミニ絵本で過ごす」という安心感や見通しを日々の積み重ねの中で園児に保障していくことが大切です。

●環境や活動が整ってきたら、クラスの中で落ち着ける場所を見つける

年度当初は、クラスではなく園の中での落ち着ける場所を保障しつつ、クラスの集団が整ってきたり活動が定例化してきたタイミングをみて、おんぶやだっこ、手を引いての誘導でもいいので、園児には安心グッズを持たせてクラスの中に入っていく時期を探ってほしいと思います。

できれば、本来の着座する場所と落ち着ける場所（通常、保育士の机の脇、ストーブの奥のコーナー、お昼寝布団を収納してある棚の下など）の2か所を用意し、取り組める活動（粘土やお絵描き、給食）の時は本来の着座する場所、不安で着座できない時間帯はクラスのコーナーで、たとえば、「昆虫図鑑」か「昆虫のフィギア」で過ごせるようにと配慮していきましょう。

この時、園児の拒否をつくらないように、心の動く時間、クラスの中にいても過ごせる時間（通常はおやつや給食時間など）から始めていくとスムーズです。

自閉症のA君は、おんぶやだっこで移動する時

は、必ず家から持ってきたスーパーの広告のチラシを手にしていました。また、年度当初、園内で過ごせる場所と遊びは、園庭の砂場での砂いじりの感覚刺激遊びでした。

加配保育士は、登園時には必ずおんぶやだっこ、拒否のない時には手をつないで、園庭の園舎のクラスに近い入り口にA君用のミニ砂場をつくり、そこで過ごすことにしました。

その後、5月の連休明けに、クラスのコーナーにミニテントを設置し、そのなかに砂を入れたカナダライを用意し、テントの中での砂遊びを保障することで、A君もクラスに入ってくるようになりました。

この砂遊びは、プールが始まる頃には、米砂遊びに変え、夏休み明けにはミニビーズ遊びに変えていきました。

秋には、A君はクラスのコーナーのミニテントを拠点にしつつも、クラスの中で興味をもった活動（保育士と手をつないでの単純な動きのリトミック）に参加できるようになりました。

園庭の砂遊びからクラスの中のコーナーでのミニビーズ遊びへ

こんな時どうする？

2 園児たちが保育士にまとわりついて、活動に集中してくれない

活動に集中させたいのですが、園児たちがまとわりついてきます。抱きついてきたり、おんぶをせがんできたり、同時に複数の園児がまとわりついてくることもあります。そのため、一人ひとりの園児との関わりに時間が過ぎてしまい、活動を進められません。

●保育士はある意味、最大の「刺激物」

園児たちにとって、保育士は最大の興味ある対象です。発達障害のある子にとっても、保育士という存在は大きな刺激物になります。

手ごたえある、継続した活動を組み立てることの難しい段階では、園児は保育士を手がかりにして行動をしようとしますし、「保育士に楽しませてもらおう」「保育士と遊ぼう」という気持ちで保育士にまとわりついてきます。

保育士がこうした関わりを無意識的に強化していくと、なかなか活動に入り込めなくなります。

こうした状態が年度当初から見られるクラスでは、クラスが落ち着く時期になる夏のプール活動が始まっても、保育士がプールに入るとすぐさま、保育士の背中に乗ったり、足をつかんだり、手を引いたりと、何人かの園児が同時に保育士に関わりを求めてきます。

結果として、プールで取り組もうと思った活動が組めず、保育士が園児に振り回されて終わるという風景がよく見られます。

●「保育士への興味」から「活動に興味」をもてる園児に変えていく

こうした風景が継続すると、とりわけ活動の意味が理解できなかったり、見通しが立たない不安感をもった発達障害のある子や、情緒的に不安定な園児は、いち早く保育士を求めようとしたりします。また、お友だちが保育士に関わりを求めようとすると、独占しようとしてトラブルになったり、より強圧的に保育士に関わろうとする事態を招いてしまいます。

こうした事態を繰り返さないためには、園児たちを、「保育士への興味」から「活動に興味」を

プールの中で保育士にまとわりつく園児たち

もてる集団に変えていく意識的な取り組みが必要です。

たとえば、ある日、園庭遊びの際、保育士は意識的に渡り鉄棒のかたわらに立つことにしました。

園庭に散った園児の何人かは、渡り鉄棒のかたわらにいる保育士にまとわりついてきました。

しかし、そのなかで1人が「先生見てて！」と渡り鉄棒を始めました。その場面をとらえて保育士は「すごいね、3つできたね」「1つ飛ばしでやれたね」「次は5つできるかな」「2つ飛ばしもできちゃうかな」とその動きを即座に評価し、次の課題も提示しました。

それに呼応して、何人かの園児が「先生、僕のも見て！」と渡り鉄棒を始めました。

こうした場面が、保育士にまとわりつく園児から活動に集中していく園児への変化のきっかけになります。

保育士に評価されながら、渡り鉄棒に取り組む

なかには「またやりたいから、先生明日も見て！」と保育士に対して翌日の約束を求める園児も出てきます。

この時、園児には「明日もこの渡り鉄棒を保育士に見てもらいながら取り組もう」という心づもり（ワーキングメモリあるいは作業記憶）が生じます。

仮にそうした心づもりがようやく芽生えたとしても、その日の渡り鉄棒が、保育士の行き当たりばったりの思いつきの活動では積み上げができません。つまり、翌日も保育士がその渡り鉄棒のかたわらに立っていてくれなくては、心づもりをもった園児の期待を裏切ることになります。

ひょっとしたら前日、砂場で遊んでいた園児の中にも「○○先生はあそこで、○○君たちと渡り鉄棒をやっている。明日は、私もあの渡り鉄棒をやってみよう」と心づもりをもって翌日登園してくる園児がいるかもしれません。

こうして、保育士の刺激でまとわりついてきた園児の興味を活動に移行させ、それを評価したり、園児と共有化したりする役割に自らをスライドさせていくことができます。

特に一対一の関係を必要とし、結果として加配保育士と二人の世界になってしまいがちな発達障害のある子にとっては、より重要な保育士の役割のスライド化といえます。

加配保育士は発達障害のある子と過ごしている時に、加配保育士を興味の対象として一対一の関係で過ごすのではなく、発達障害のある子が興味のもてる道具やおもちゃ、活動とともに興味を共有化（三項関係）して過ごす風景に変えていくことが大切です。

●園児を喜ばせる役割から、活動をプロデュースする役割に

そうした意味では、保育士は園児と遊ぶ関係から、園児の遊びや活動を仕組んでいく、いわばプロデューサーの役割に自らをスライドさせていくことが必要ともいえます。

また保育士にまとわりつきながら、保育士をよりどころとして過ごすことの多い未満児のクラスであっても、保育士と園児が一対一の関係に終始するのではなく、園児の心の動く「道具」や「おもちゃ」「活動」を日々の動きのなかからしっかりつかんでおき、意識的にそうした「道具」や「おもちゃ」「活動」に関わりながら、園児が保育士とそのおもしろみや手ごたえを共有化する関係性(三項関係)に役割をスライドさせていくことが大切です。

園児を喜ばせる保育士から、活動を組み立てていくプロデューサーへ

こうした三項関係を未満児の段階から大切にしている保育園では、未満児が年少に上がった時には、すでに集団活動が組み立てられる段階へと進めるようになっています。

できれば「○○のおもちゃは、○○の場所で、○○保育士と遊ぶ」という「場所と活動」がセッ

トになった形を積み重ねていくことが、その後の生活のベースになっていきます。

特に集団適応のより苦手な自閉症の子には、こうした「いつもの道具＋いつもの場所＋いつもの保育士」の組み合わせをていねいに積み上げることがその後のスケジュールづくりの基礎になります。

朝の時間帯に落ち着きがなく園内を走り回るか、保育士に「抱っこ」をひたすら求めていたA君に対して、保育士は家庭と相談し、A君の興味がある「くるくるトンネル」（ボールがてっぺんからくるくるとトンネルをくぐって下ってくる）を遊びの道具とし、毎朝、A君が登園しカバンを掛けると、必ずクラスのストーブのかたわらの、枠で囲った決められた場所で、保育士と『くるくるトンネル』で一緒に遊ぶことにしました。

こうした毎日を繰り返すなかで、A君は登園後、朝の挨拶の時間まで、ストーブのかたわらで、保育士と「くるくるトンネル」で過ごすという見通しをもてるようになりました。

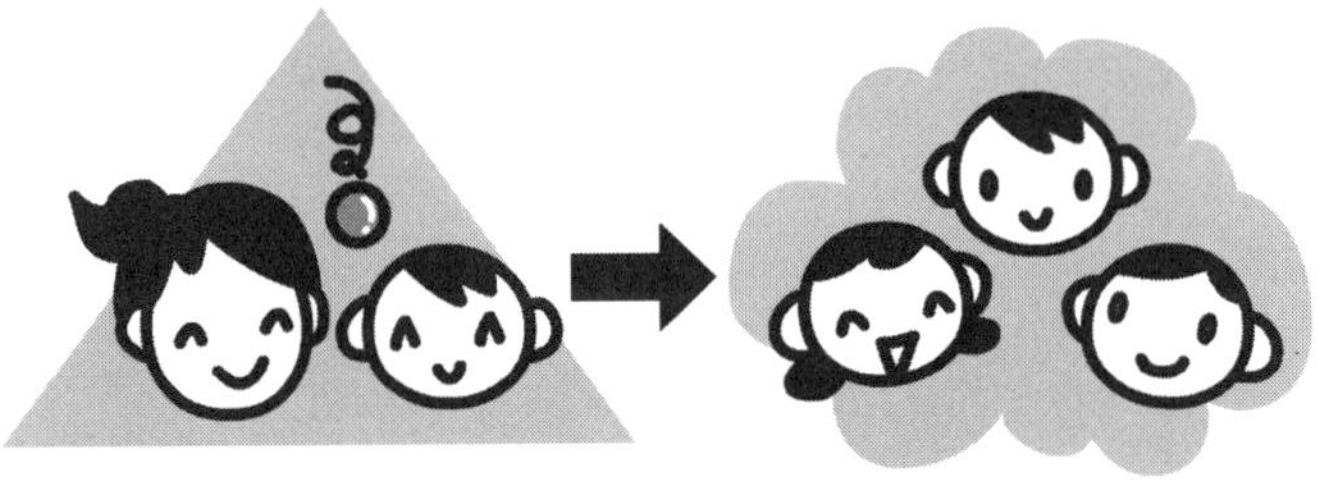

末満児の三項関係から年少の集団活動へ

こんな時どうする？

3

黒子になれず、対象児とマンツーマンになってしまう

加配保育士は、対象児とマンツーマンになりすぎないように、できるだけ黒子に徹し、お友だちの活動に入っていけるよう働きかけたいと思っていても、つい、追いかけるように、対象児の動きについて行ってしまったり、手を出すことが多くなってしまいます。

●「仕方なしに、対象児につき合わされている」という自己認識になっていないか？

黒子に徹し、できるだけお友だちの活動に興味をもたせ、集団活動をのぞかせたいと思っても、特に年度当初は、対象児もクラスや部屋が変わったり、担当保育士が変わったりするなかで、不安や戸惑いが大きいため対象児とマンツーマンになる場面が増えたり、部屋から出て行った園児を追いかけざるを得ないのが実情です。

しかし、そうした場面が多い時であっても、加配保育士の自己認識が、

「対象児につき合わされているな」

「子守の延長のようになってしまっているな」

「結果として、『仕方ない』という言葉で対象児の動きについていく自分を納得させているな」

こうした受け止めになっているとすると、いつま

でたっても対象児主導の対応から離れることができず、対象児が自信をもってクラスに入ってきたり、集団活動に参加していくことは遠のいていってしまいます。

●加配保育士は「受動的」な取り組みから「能動的」な取り組みへ

対象児との関わりが一見マンツーマンであったとしても「仕方がないので要求されるがまま、おんぶをしてあげている」「仕方がないので園長室のコーナーで自由にCDプレーヤーをいじらせている」…ではなく、加配保育士は意図的に「今、A君は不安なので、取り組みとしておんぶをしている」「A君にとって、保育園の中で、唯一安心できる場所が園長室のコーナーなので、そのコーナーをA君の場所と位置づけて、こちらの用意したA君が興味をもてる絵本で過ごさせている」こ

出て行ってしまった園児と遊びつつ、
悩んでいる加配保育士

うした認識で対象児に関わってほしいと思います。

これは、対象児の過ごし方を受動的に追認するのでなく、対象児の不安感や戸惑い、苦手さを理解しながら、加配保育士が主体的に取り組んでいく姿勢と言い換えることができます。

対象児がどうしてもクラスから出て行ってしまうのであれば、出て行ってしまう後を加配保育士が仕方なく追って行くのではなく、加配保育士の判断で対象児を誘導し、クラスから連れ出していく取り組みにします。

こうした加配保育士の主体的、能動的取り組みを積み重ねる日々のなかで、いずれは、クラスにいることのできる次の段階を模索していってほしいと思います。

「出て行ってしまう」から「出て行かせる」取り組みへ

「グー、パー、チョキ」でボール投げ

A君はドッジボールの時、ボールをうまく投げることが苦手でした。保育士がボールの投げ方を真似させてみましたが、うまく真似ることができませんでした。そこで足の動きを分解して、投げる際、足を揃える、足を広げる、足を交互にするという手順を、足を揃える＝ジャンケンの「グー」⇒足を広げる＝ジャンケンの「パー」⇒足を交互にする＝ジャンケンの「チョキ」と教え、「グー、パー、チョキ」と声をかけながら動作を教えるとうまく足を動かして、その勢いで、ボールを投げることができるようになりました。その後、保育士は、A君にはこのように動作や仕草を分解して伝えたほうがうまく教えることができるということがわかりました。

お口の言葉とお腹の言葉

A君はお友だちに言われたことをいつも気にして、そのつど保育士に訴えてくることがたびたびでした。ある時保育士はお友だちの絵を描き、口からのセリフの吹き出しと、お腹からのセリフの吹き出しを加えて、A君に「お友だちは、お口では『バカ』と言ったけど、お腹では『好き』と言ってるんだよ」と、口から出る言葉と心で思っていることは違うことがあるという説明をしました。このような吹き出し絵を繰り返すなかで、A君はお友だちから言われた時に「お腹ではどう思ってるの？」と聞いたり「僕は、お口では○○と言ったけど、お腹では○○と思っている」と説明できるようになり、それからはお友だちとのトラブルが減りました。

こんな時どうする？

4 加配保育士は頭脳労働だといわれましたが、その中身をもう少し掘り下げて知りたい

加配保育士は、単に対象児と過ごすのではなく、対象児の不安感や戸惑い、苦手さを理解しながら、手立てを講じていく頭脳労働だといわれましたが、どのように理解し、どのように手立てを講じていく頭脳労働なのか掘り下げて知りたい。

●対象児の一挙手一投足とその時のまわりの環境を常に見比べていく

対象児に関わる時に、やみくもに手を取って製作の手伝いをしたり、手を引いて誘導したり、指示や声かけをしたりするのではなく、

◎今、主活動の保育士はどのような刺激（指示、説明、動き）を出しているか、まわりのお友だちはどうか

◎室内の環境で、○○君に影響を与えている刺激は何か、音の刺激、目に入ってくる室内の飾りや掲示物、体感（温度や蒸し暑さ、ひんやり感）など、

◎室外の刺激、廊下を移動していったクラスの動き、室内から見える園庭の刺激

まずは、こうした対象児を取り囲んでいる環境を確認していくことが大切です。

そのなかで、対象児が、

◎今、何を手がかりに行動を起こしたか
◎何を手がかりに理解したか
◎どの刺激に引っ張られたか
◎どの場面で、不安感や戸惑いが出たか
こうした園児の動きの背景を、一つひとつ探っていくという頭脳労働が加配保育士には求められています。

　こうした対象児を取り囲んでいる環境と対象児自身の特性が理解できてくれば、加配保育士は、それまでのやみくもな対象児への関わりや、頻繁な指示、声かけといった対応を控えていくものです。

　そして「そうか、○○の刺激に出合うと、○○という行動になってしまうな」「○○の刺激にはよく反応できて、○○という行動に不安なく踏み出していけるな」という対象児の受け取る刺激と反応、刺激と行動の関係の積み重ねをしていくことができるようになります。

　そして、その日はうまく対応できなかったとしても、明日からどう作戦を立てていくかを考えながら手立てを決めて、翌日に臨んでいけるようになります。

●次の展開をイメージしつつ、対象児の行動を予測していく

　加配保育士は、こうした作戦を立てながら、対象児に関わっていくなかで、次の展開で、対象児がどのような行動になるかの予測（行動予測）をしていってほしいと思います。

　たとえば、
◎この活動がまだ続くと、○○君は持ちこたえられなくなって、出て行ってしまうな
◎主活動の保育士の○○の説明では戸惑いが出て、○○の活動への苦手さが出るな
◎これから遊戯室の活動になるが、もし、遊戯

室のセラピーボールが目に入れば、そのボールに飛び乗って、本来の活動に参加できなくなってしまうな

◎園庭で○○集めにこだわりが出てきたので、このままだと、室内に戻る時に切り替えができなくなるな

そして、そうならないように、事前に差しさわりになる刺激物を片づけておいたり、早めに次の活動を予告したりといった作戦を立てていってください。

こうした意味で、加配保育士の仕事は頭脳労働だといえるのです。

対象児を取り巻いている環境（環境因子）を把握しながら、対象児の発達特性（個人因子）から推測すれば、その環境に対してどのように対象児は反応するか、どのような行動を起こすか、そうすると、どのような状況が今後想定されるか、こうした思考を常に繰り返していくことが必要です。

そのなかで、ある状況を回避するために、あるいは別の状況に変えていくためにどのような作戦を立てるか、試行錯誤し続けていくことが求められます。

こうした頭脳労働が加配保育士には求められいます。

次の展開を予測する加配保育士

COLUMN コラム 自分の動きを自覚化させる活動を意識的に取り入れる

発達障害のある子は、自覚しないで動いてしまったり、悪気がなくてもつい手が出てしまう場面が多く、結果として保育士から注意を受けることの繰り返しになりがちです。

できれば今、自分が「早く動いているのか」「ゆっくりなのか」「静止しているのか」といった、自らの動きを自覚させる活動を取り入れていってほしいと思います。

年少のあるクラスでは、年度当初、動いてしまったり、大きい声を出してしまったりする園児が多いため、1日に1回、遊戯室で「ストップゲーム」に取り組むことにしました。

ストップゲームとは、園児が輪になりピアノのリズムに合わせて歩きながら、ピアノが止まった瞬間に静止し、最後まで残った子が優勝するというゲームです。これは園児たちが盛り上がる活動になります。

ピアノのリズムも「歩こう、歩こう、私は…」という映画「トトロ」のリズムにしたり、「剣の舞」のような早いテンポにしたり、バラード調のゆるやかなテンポにしたりと変化をつけます。落ち着かない園児たちも、こうした取り組みの中で、自らの身体のイメージ（ボディイメージ）を自覚するようになり、沈黙して静止することを意識的に学んでいけるようになります。

特に注意欠如多動症傾向の園児は、じっと静止することそのものが苦手なために、制止する時はあえて、力を込めて大きく手を振りかぶったり、ことさら「気をつけ！」の姿勢になったり、まさに「静止」することそのものが、自覚しなくてはできない大変な取り組みになります。

単に「落ち着いて」「じっとしていて」と言っても、上手に自然な形で落ち着いていられないのが、こうしたタイプの子の特徴です。

悪気がなく、つい大きい声を出してしまったり、奇声をあげてしまいがちなタイプの子どもでも、「大きい声」で歌う場面と「ヒソヒソ声」で歌う場面などが入った歌をクラス全体で歌うことを通じて、自分が出している声のボリュームを自覚することができます。

クラスによっては、毎朝の歌の時間にボリュームを意識する歌を取り入れて、こうした意識づけを日常の活動に取り入れています。

発達障害のある子は、つい激しく動いてしまったり、思わず場面にそぐわない大きい声を出してしまったり、軽く触れようとしたのに思わずギュッと強めに抱きついて、お友だちを驚かせてしまうこともあります。

こうしたスピードコントロールや、ボリュームコントロール、あるいはフィジカルコントロール（力の加減の調整）の取り組みは、単純ではありますが、注意欠如多動症傾向のある子には有効です。また意外に活動そのものとして、クラス全員が生きいきと取り組める活動にもなります。

第3章

発達障害児のこんな場面

こんな時どうする？

1 活動に興味をもっていったんは入ってくるが、目移りして、活動から外れてしまったり、活動に遅れてしまったりする

●刺激物をあらためて点検し直してみる

活動そのものには興味をもってくれるのですが、活動中にどうしても目に入った刺激に引っ張られてしまい、途中で活動から外れてしまうA君がいました。

保育士は、A君が興味をもてるよう、さまざまな活動の工夫をしていましたが、視覚刺激に引かれて、途中で活動から外れてしまう状況が続いていました。

そこで筆者は保育士と相談し、A君がクラスの中のどの視覚刺激に引っ張られてしまうのか、その後のカンファレンスで確認することにしました。

カンファレンスを通じて、A君は室内で複数の視覚刺激に引っ張られていることがわかりました。

刺激1　窓際の棚の上の組立ブロックとCDプレーヤー

A君は登園後ブロックで戦隊物の組み立て遊びをするのが大好きです。

朝の活動が始まると保育士は、そのブロックを預かり窓際の棚に置いておきます。A君は、そのブロックが気になり、他の活動中でも、その棚の組み立てたブロックが目に入ったり、あるいは他の園児が窓際に近づくとブロックをいじられないようにするため、活動から外れてお友だちを制止しようとしました。

また朝のリズム活動では、CDプレーヤーのスイッチを入れることがA君の役割となっており、A君の活動参加のきっかけにもなっていました。そのため活動中でも、CDプレーヤーが視覚に入ると、CDプレーヤーのところまで行き、スイッチなどの計器類をいじることが行動パターンになっていました。

刺激2　室内に貼ってあるポスターやカレンダー

室内には地域リーグのプロ野球チームのポスターが掲示されていました。A君はそのポスターに近づくと、必ず地域リーグの選手一覧の顔写真に見入っていました。

その他にインフルエンザ予防ポスターや写真がスペースのほとんどを占めているカレンダーなどがあり、こうした掲示物に近づくたびに、A君はのぞき込んでしまい、全体活動から遅れてしまっていました。

刺激3 クラスのコーナーのダンボールの製作物

クラスのコーナーには、数か月前に園児全員で作成したダンボールのキャラクター人形が置いてありました。

そのキャラクター人形の目や口、アクセサリーなどの張り紙やセロハンテープがはがれかけており、A君はそれが気になって仕方ありません。ダンボールの製作物が視覚に入るとはがれかかったセロハンテープなどをはがしたくて仕方がない様子でした。

刺激4 遅れて園児をつれてきた保護者や来園者

A君は椅子に座っていても、他の園児の保護者や来園者が廊下を通ると、椅子から立って廊下に出ていき保護者や来園者に話しかけたり、関わりをもとうとしていました。

●不要な刺激物の整理をする

こうしたいくつかの刺激物のため、A君は興味のある活動の最中でも、その場から離れてしまうことが頻繁にあることを保育士と確認しました。

そこでA君がとりわけ興味があるブロックとCDプレーヤーは、A君と相談したうえで、ブロックは活動中、保育士が、他のお友だちの目にふれないところに預かることにし、その代わり、ブロック遊びは昼食後とお帰りの前に必ずA君に保障することとしました。

またCDプレーヤーのスイッチ役は、必ずA君のお仕事とすることを約束し、A君の目の届かない棚に片づけることとしました。

また壁にあるプロ野球選手のポスターとインフルエンザのポスター、写真の大きなカレンダー、ダンボールのキャラクター製作物は、クラスからいったん片づけることとしました。

　そしてクラスと廊下の間の窓ガラスについては、腰高のところまでは透明ガラスからすりガラスに変え、A君の着座中は来園者等が廊下を通ってもA君の視界に入らないようにしました。

　このように刺激物を整理することで、A君は活動により集中するようになり、3回目の保育園巡回訪問の時には、来園者が通りすぎても一瞬目を向けるだけで、また活動に関心を向けるA君になっていました。

　園では、このように活動に集中できるようになったA君の様子を見て、A君がポスターやカレンダー、来園者等に一瞬目を向けても、それはもはや、A君にとって活動を邪魔しない刺激物になったと判断して、ポスターやカレンダーを元の位置に戻すことにしました。

すりガラスにしたことで、
椅子から離れないで着座できる

●「活動への興味」対「視覚刺激への興味」を49：51から51：49へ逆転していく

活動に集中したいと思いつつも、興味ある視覚刺激に引っ張られてしまう発達障害のある子にとって、「活動」は49対51の割合で「視覚刺激」に負けてしまっているといえます。

しかし、当面51の視覚刺激を整理し、活動への集中度を高めるなかで、徐々に、51対49から60対40、80対20と活動に興味を注げるようになっていきます。

こうした力がついてくれば、発達障害のある子でも、多少まわりに刺激があっても、一瞬視線を向ける程度ですぐに活動に戻っていける子になっていきます。

刺激物に囲まれたまま我慢しながら活動に集中することを強いるのではなく、刺激物を整理しながら、活動への集中が高まるなかで、徐々に活動の阻害要因にならない程度で刺激物を戻していくという段階的な取り組みが必要です。

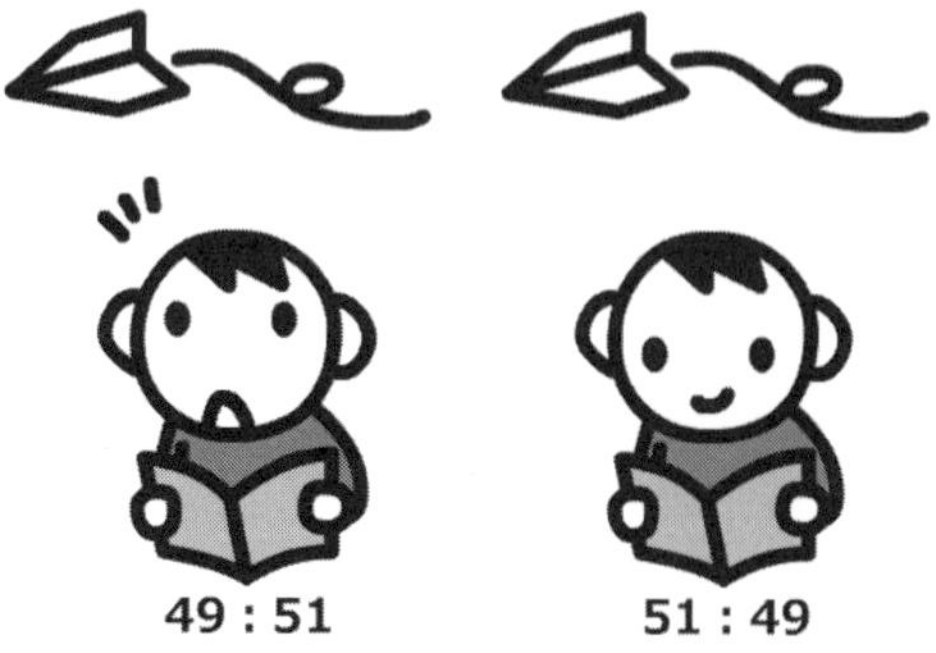

活動への興味：視覚刺激への興味

こんなくふう！

旗をもって応援団

A君はドッジボールでお友だちからぶつけられてしまうと、かんしゃくを起こして遊戯室から飛び出て行ってしまうことが多くありました。タイミングを見て保育士は、A君と「こんどぶつけられちゃったらどうする?」と作戦会議を開くことにしました。

そのなかで、A君の好きなお友だちを2人決めて、旗をもって応援団になるという作戦を立てました。それ以降、A君はボールをぶつけられても遊戯室から飛び出ていくことが減り、応援団の席で旗をもって応援しながら待てるようになりました。

こんなくふう！

「悪魔くんカード」と「ニコニコマンカード」

A君はイライラしてくるとお友だちを押したり、たたいたりすることがありました。

注意をすると、その時は「もうしない」と約束するのですが、どうしてもイライラしてくると手が出てしまうことがたびたびでした。そこで、保育士は、「悪魔くんカード」と「ニコニコマンカード」をつくり、A君がイライラしてくると、「悪魔くんカード」を見せて「ほら、A君、今『悪魔くん』だよ」とイライラを自覚させる取り組みを始めました。こうしたことを繰り返すなかで、A君は「『ニコニコマン』になる」と気持ちを切り替えてくれたり、「『悪魔くん』になっちゃうから、○○のお部屋に行ってくる」とその場を離れることができるようになりました。

こんな時どうする？

2 保育士の質問を待てずに発言したり、1番になることや先頭に並ぶことにこだわったりしてしまう。自分の思い通りにいかないとかんしゃくを起こしてしまう

●発言のルールづくりを意識的に取り入れていく

A君は朝の会でも保育士が問いかけると即座に答えようとしたり、自分の発言を受け止めてもらえないとかんしゃくを起こしたりすることが多く、保育士もA君の発言や行動に振り回されていました。

また整列の場面なども1番でないと納得できず、他のお友だちが先頭に並ぶと無理やりその前に並ぼうとしてトラブルが続いていました。

こうしたクラスでは、園児たちに発言ルールや先頭ルールなどを教え、それを徹底していくことが大切です。

たとえば保育士が質問する前に、このように言ってみます。

「これは、Bさんに答えてもらいます」

「この質問は、パンダグループのメンバーに聞きます」

「この質問は難しいから、みんな目をつぶって10数える間考えてください。答えられる人は、目をつぶったまま手をあげてください」など、あらかじめ約束してから指名する取り組みを積み上げていく必要があります。

●「当番」の役割を最大限に生かしていく

また当番活動を役割として最大限に生かしていく取り組みも有効です。

たとえば、

「この質問は、まず当番に答えてもらいます」

「Bさんに答えてもらいます」という予告

「遊戯室で使うこの道具は当番に先頭で持ってもらって移動します」などというように、特別な立場にいる「当番」を強調し、当番としての役割のためにお友だちよりも、当番が優先される場面もあるし、誰よりも汗をかく役割を担わされることもあるという「当番」の役割を意識化させていくことが有効です。

そうした意識づけをしていくなかで、待つことができなかったり、なんでも1番になりたがるA君も、自分が当番の時には必ず真っ先に発言できること、先頭に立てることを学習していくことができます。

できればA君が見通しをもって待てる期間（たとえば5日に1回は必ず当番が回ってくる）の保障が大切です。

A君のような1番になりたい、先頭になりたいというタイプの園児は、何かを任されたり、お手伝いをすることがとりわけ好きだったりもします。

●「自分は他者から期待されている」という自覚化へ

当番の時には1番になれたり、お手伝いもたくさんできるという手ごたえを自覚させていくなかで「自分は、保育士に期待され、その期待に応えて頑張ることで喜ばれる」という成功経験を日々積み重ねていくことができます。

このように期待されて動くことのよさを学んでいけると「保育士と約束し、自覚できたらほめられる」「約束したことを実行できたら喜んでもらえる」という自覚化した取り組みにつながっていきます。

●「〇〇君、〇〇大作戦」の取り組みへ

保育士とこうした関係をつくっていけるようになると、うまくいかなかったことや自分でつくり出してしまったトラブルや失敗経験があっても、次に向けて作戦を立てる取り組みにつなげることができます。

ある日、A君はフルーツバスケットで負けてしまい、かんしゃくを起こして部屋から飛び出ていってしまいました。

保育士は、園のお帰りの前に「『A君、〇〇大作戦』の会議を開こう」とA君を別室に呼びました。

そこで保育士は「A君、今日はフルーツバスケットでかんしゃくを起こしちゃったよね。明日もフルーツバスケットをするけど、明日は負けないようにこれから先生と作戦を立てよう。それと負けちゃった時にどうするかも作戦を立てよう」「そして、明日やってみて、また、お帰りの前に先生と作戦会議をしよう」と提案しました。

こうした保育士との「〇〇大作戦」の会議に喜んで参加するようになると、発達障害のある子も、自分の苦手なところを自覚し、どのように解決していくかの道筋を見つけ出していくことができるようになります。

フルーツバスケットを
振り返り、作戦会議をする

こんな時どうする？

3

お友だちにちょっかいを出したり、いたずらや嫌がらせをしてしまうので、お友だちから怖がられるようになってしまった

●反省やその場しのぎの仲直りでは効果はあがらない

A君が、いたずらや嫌がらせをしたり手を出してしまった後で、注意をしたり反省を促しても、次の経験に生かしていくことはなかなかできません。

また、その場で事態を収めようとして、泣いているお友だちのかたわらで、反省をさせながら「ごめんなさい」とA君に謝らせたり仲直りをさせてみても、その反省が次に生かされることにはなかなかつながっていきません。

また、このようなトラブルが繰り返されるなかで、お友だちからは「A君は乱暴な怖い子」と思われるようになってしまったり、ささいなことで

も「A君がまた○○をした」とお友だちが保育士に訴えて来るようになってしまいます。

●「このクラスは絶対安全」と園児たちを安心させる保育士側の姿勢

第1章の主活動保育士編の『トラブル続出のクラス』でもふれましたが、こうした場面が続く時には、まず、無理に、A君を反省させようとしたり、その場をやり過ごそうとすることをやめましょう。

保育士がすべきことは、A君の被害にあいそうなお友だちを必ず守りきるという姿勢をもつことです。

そのためには比較的トラブルの起きそうな状況、たとえばイライラし始めているA君の前兆、ついちょっかいを出したくなりそうなお友だちがそばにいる場面、トラブルのとりわけ多い特定の園児と距離が近くなった時…、保育士は緊張感をもってしっかりとこうした場面を視界におき、機敏に、即座にお友だちを守りきる姿勢を示します。

こうして、園児にとって「信頼できる保育士がいる限り安心」と感じられるクラスの環境をつくることが何よりも優先する取り組みです。

こうした意識で動いているクラスでは、主活動を進める保育士も加配保育士も迷いのない機敏な動きでクラス運営を進める風景が見られてきます。

●「○○大作戦」の取り組みへ

A君が頑張った場面や、当番活動等で活躍した場面などをていねいにほめつつ、A君との信頼関係を育てるなかで、前項で紹介した「A君○○大作戦」の取り組みにもっていくことが有効です。

ある時、興奮して手が出てしまうA君に対して、保育士は「A君、我慢できる大作戦」をA君に提案し「イライラしてきたら、○○のお部屋に行って、イライラクッションを叩いて戻ってくる」「思わず手が出そうになったら、先生の顔を見て、先生と我慢の両手握り締めポーズを一緒にする」。こうした約束をしながら、我慢できることをほめていく取り組みにつなげていきました。

その後、A君はついイライラしてしまう自分に自覚がもてるようになり「イライラしてきたから、ちょっと○○部屋に行ってくる」と保育士に報告に来たり、保育士が「イライラしてきたら○○部屋に行ってきていいよ」と提案すると「まだ、我慢できる」と言えるようになってきました。さらに、お友だちにも「僕、今イライラしてきたから、近くに来ないで」と言えるようになってきました。

先生と我慢の両手握り締めポーズ

COLUMN
コラム

お友だちとの距離感や間合い、呼吸合わせ、コミュニケーションを育てる取り組み

悪気はないのに、突然お友だちに関わりを求めたり、おもちゃを取り上げようとしたりといった、相手の気持ちに配慮することが苦手だったり、交渉の仕方が苦手で唐突に関わってしまうタイプの子も、ジャンケンやリトミック、大縄跳びなどの練習をクラスで意識的に取り組んでいくなかで、お友だちとの関わりが上手になってきます。

ジャンケンは相手の「グー・チョキ・パー」のタイミングに合わせるために、相手の間合いや呼吸を読む必要があります。

大縄飛びも、大きく回る縄のリズムに合わせて飛びはねないと縄が足に突っかかってしまいます。リトミックで大きな輪になってお友だちと手をつなぎながらぐるぐる回る時も、まわりの歩調に合わせないと足がもつれて崩れてしまい、結果としてお友だちの手つなぎの輪が乱れてしまいます。

こうした遊びをクラス全体で取り組んでいくと、発達障害のある子も、それまでタイミングが合わずに後出しジャンケンになったり、手をつないでのぐるぐる回りで、1人引きずられてしまっていた子でも、取り組みを繰り返すなかで、徐々に上手になっていきます。

こうした経験を積むことで、お友だちに対しても間合いを理解して、関わりが唐突でなくなったり、呼吸を読めたり、「ねえねえ」と声をかけてから関わりを求めようとしたりと、お友だちとのつき合いが上手になっていきます。

COLUMN コラム

行動を誘引してしまう刺激物の整理を日頃から

スイッチが入ると行動したくて仕方がなくなったり、じっとしていることが苦手な子には、クラスの中のはがれかけたテープやシール、見え隠れしているグッズ、カーテンのフックの隙間から見えるおもちゃ、中途半端にかけられたサッシの鍵などは気になって仕方のない刺激物になってしまいます。じっとしていなくてはと思いつつも、どうしても我慢できず、テープをはがしに席を離れたり、きちんと鍵をかけたくて棚に登ろうとしてしまいます。

こうした不用意な物を筆者は「行動誘引の刺激物」と呼んでいます。活動に集中し、気になっても席を離れなくなるまでは、シールをきちんと貼り直したり、鍵をしっかりかけておくなどの配慮が必要です。

筆者は、クラスに入った瞬間に「このクラスは、行動誘引に配慮して環境調整をしているクラスか、あるいは無用な刺激物を無造作に放置しているクラスか」を見極めて、クラスの取り組みの質についてもおおよその見当をつけます。結果としてこれらが、ほぼ連動しているといっても過言ではありません。

第４章

家庭と信頼関係をもってつながっていくために

こんな時どうする？

1 加配保育士がどのように対応していくのが適切か、うまく家庭と共有ができない

●「手厚く関わる」という意味を誤解させない

筆者は加配保育士の配置に向け、家庭とその必要性を話し合い、理解をいただくために、ご両親と面談をする機会がよくあります。

「お母さん、A君のもっている苦手さや不安感、戸惑いをA君が自分で気づいて、就学するまでにはそうした苦手さを自分で解決していけるようになりますよ。保育園でていねいに関わってもらえると、きっとA君の自信につながっていきますよ」とさまざまな場面をイメージしながら具体的に話していきます。

その際、「加配保育士が、どのようにA君に関わっているか、たまに、そっと気づかれないように保育園にのぞきに行くといいですよ」と伝えます。

あわせて「最初のうちは、不安だったり、戸惑いが多くて、加配保育士とマンツーマンでA君が

日々過ごしていたとしても、いつまでも、その関係が続いているようでしたら、むしろ加配保育士はA君の自立の妨げになりかねないので、加配保育士のつき方について、保育園と話し合いの場をもったほうがいいですよ」と助言します。

さらに「もし、そうした関係が変わらず続くようであれば、A君は、ずっと支援者が関わらなければ社会参加できない子になってしまいますよ」ともお話しします。

●加配保育士の「手厚さ」は、頭脳労働であることの理解を得る

加配保育士の役割は、不安だったり戸惑いの多いA君に、手とり足とり対応することではありません。A君の戸惑いや苦手さを見極めながら、どのように集団に参加させていくか、どのように活動の手がかりを用意していくか、どの情報や刺激

加配保育士は、マンツーマンでつくのではなく、作戦を考える保育士

に影響されてA君が混乱しているのか見極め、どのようにまわりの刺激を整理していくか…。こうした頭脳労働をすることが加配保育士の役割であることをご両親に伝えていきます。

「手厚く関わる」ということが、「マンツーマンで、いつも一緒」という理解をしてしまうと、加配保育士の関わりや仕事が誤解されてしまいます。

「わが子についていないで、離れた場所にいた」「クラスが落ち着かないので、わが子の加配保育士であるのに、その仕事をしないで、主活動の保育士の補助をしていた」などといった誤った認識にならないよう、最初の段階でしっかりと家庭との間で加配保育士の位置づけを共有化しておくことが大切です。

こんなくふう！

「標準コース」と「お急ぎコース」

A君は手洗いの際、手洗いコーナーに掲示してある手洗いの手順通り手を洗う習慣になっていました。時には時間がかかり、保育士が、お友だちがA君を待っているからと、途中で切り上げようとするとかんしゃくを起こすことがありました。

そこで保育士は、A君を洗濯機のところに連れて行き、洗濯には標準コースとお急ぎコースがあることを教え、お急ぎコースの時の手洗いの手順を決めました。その後、保育士から「A君、今は、お急ぎコースでお願いします」と伝えると、「わかった」と応ずることができるようになりました。

COLUMN
コラム

スムースな展開のために、場面と場面のつながりを上手に連動させていく工夫を

園庭から室内に戻る際に、個別に声かけをしたり誘導するのではなく、園庭遊びが終わる頃に、保育士が園庭に白線を引き始めます。そこに園児が集まってきて、園児が並んだところで、保育士が「よーいドン」と号令をかけて園舎の入り口までかけっこをする流れで、室内に戻っていきます。こうした取り組みを継続すると、保育士が白線を引き始める頃には、園児たちも「そろそろ園庭遊びも終わりで、これから、かけっこをして園内だ」と見通しがもてるようになってきます。

ブランコ遊びを切り上げられなかったり、園庭で虫集めに夢中になっている発達障害のある子も、こうした取り組みのなかで、徐々に白線に集まってくるようになります。

秋の運動会の「徒競争」に向けて、意識的に「４人１組でよーいドン」を春から継続していく工夫も加えていけば、運動会にはその成果を披露できるようにもなります。また、一人ひとりの場面転換でも、こうした場面と場面のつながりを上手に連動させている取り組みもあります。

あるクラスでは、遊戯室のサーキット遊びの最後に、必ず「カード取りゲーム」があります。順番にカードを取ると、次の活動内容がイラストになっていて、園児は各々次の活動場所に移動していきました。

発達障害のあるＡ君も勇んでそのカードを手にし、必要な道具を持って園庭に出て行きました。

Ａの活動がＢの活動を想起させたり、誘引させたりするという活動の連動性を意識していくと、よりスムースな活動を展開していけるようになります。

こんな時どうする？

2 発達障害の特性について保護者に理解してもらい、学校にうまく引き継いでいきたい

●「園でよくやってもらっている」という保護者の実感が理解を得るためのベース

筆者は主として年中さんのご両親と面談し、卒園後、小学校に適切につなげていけるように就学相談についての理解を求める場面が特に年度末には多くなります。

以前はどのように家庭と面談の機会を設定するか、保育士や保健師等と相談しつつもタイミングを逃してしまったり、面談の機会を設けてもご両親から十分な理解を得られないまま、若干の不信感をもたせてしまうということがありました。

しかしここ数年は、こうした課題がほとんど解決されてきました。

その一番の理由は、はじめて面談するご両親であっても、ほとんどが「保育園でよくやってもらっている」と感謝の思いを伝えてくれることにあり

ます。

発達障害の特性からくるA君の不安感や戸惑い、苦手さをご両親に理解していただこうとしても、園の関わりに信頼をもてない段階での面談ではかえって不信感を増幅させる結果になってしまいます。

結果として就学相談にも適切につなげることができないまま、卒園を迎えてしまうことになります。せっかく面談の機会を設けても、次のような発言になってしまいます。

「保育士さんの対応がよくないのでお友だちの中に入っていけない」

「保育士さんが、いけないことはいけないと、きちんと注意してくれなかったのでお友だちとのトラブルになってしまった」

「保育園の練習が十分でなかったので、運動会でわが子だけが種目に参加できず目立ってしまった」


発達障害の特性をもつA君を適切に就学相談につなげていくためには、保育園と家庭との信頼関係ができていることが一番の成功要因になります。

保育園と家庭との信頼関係ができていることにより、ご両親は卒園をして小学校に入学しても、わが子が不安にならないように、そして自信をもって学校に通えるように、保育園で工夫されていた対応や配慮をていねいに学校に引き継いでいってほしいと希望されるようになります。

また年長の1年間をかけて、わが子の進むべき入学先について、地域の小学校がよいか、小学校に入学したとしても、特別支援学級が適しているか、通級がよいか、また特別支援学校もわが子に体験させておいたほうがよいか、就学相談を担当する教育委員会の担当者とスムースに相談ができるようになります。

●園での具体的な配慮を、家庭に継続的に伝えていく

こうした就学相談を成功させるためにも、保育園ではA君の不安感や戸惑い、苦手さをよく理解し、できるだけ早期から次のように具体的に家庭に伝えるようにしましょう。

「遊戯室でのリトミックに参加することの苦手なA君でしたが、保育士の膝で安心して見学するなかで、今日、『とんぼのめがね』の場面では、自分から入っていって参加できました」

「昨日、ドッヂボールで真っ先にぶつけられて負けてしまい、かんしゃくを起こしてしまいましたが、お帰りの前にA君と作戦会議を開いて、どうすれば当てられないように逃げられるか、負けた時にどうすれば泣かなくてもいられるか相談したら、今日は当てられないで逃げることができました。最後に当てられてしまいましたが、泣かないでがまんできました」

このように、お子さんには活動場面で不安感や苦手さが見られるが、工夫によって自信をもたせていけるという様子をていねいに、家庭に伝えていっていただきたいと思います。

できれば発達障害のある（と思われる）子どもに限らず、すべての園児に対して保護者面談の計画を年に1回は園で設定して、家族と面談する機会を設けていただきたいと思います。

このような取り組みを継続していけば、年中の後半になっての面談で、たとえば次のように提案することはそれほど困難ではなくなってきます。

「A君はいろいろ不安な場面や苦手な場面もありますが、年中まで小さな自信をしっかり積み上げてきてくれました。年長さんになっても頑張って伸びていってくれると思います。でも学校になる

と、A君をよく知る保育士から新しい学校の先生に替わり、建物もお友だちも変わってしまうので、少し心配です。

A君が学校に行っても困らないように、園で工夫してきたことを学校にも伝えていきたいのですが……」

こうした取り組みを市町村の保健師、家庭児童相談員、就学相談担当の先生と打ち合わせをしながら進めていってほしいと思います。

活動場面を肯定的に報告する保育士

こんな時どうする？

3 早期受診につなげたいと思うが、きっかけがつかめない

●医療機関につなげていくこと、そして診断を受けることを目的にしない

1歳半健診や3歳児健診の場で、発達特性が気になったとしても、関係者は家族に受診をすすめることに非常に慎重になるものです。

それはわが子の発達特性が気になり、どうしようかと迷い、戸惑いつつも、ひょっとしたら成長とともに気にならなくなるかもしれないと思ってみたり、こうした揺れる気持ちを抱えつつ、それでもわが子のために受診してみようと決断するまでには、親としてかなりの時間を要することが多いと関係者が実感しているからです。

関係者ができる応援は、そうしたお母さんの伴走者になることです。お母さんを応援する一枚岩（保健師、保育士、就学相談の担当者、地域の療育機関等）のチームがありますよ、というメッセージ

を日常的に示していくことではないかと思います。

医療機関に受診し診断を受けてもらわなくては、次に進んでいけないとあせってしまって、その後の家族と関係機関との信頼関係が崩れてしまう例も多く見られます。

●大切なことは、子どもの発達特性に気づいてもらうこと

「わが子には、得意な面もあるけど不得意な面もある。お友だちに比べて不安感や戸惑いが、場面によって目立ったり、強いこだわりをもつ場面がある。どうも個性という理解だけでは収まらない気がする」

こうしたことをお母さんに気づいてもらうことが大切です。

その時、関係者は「○○君には確かに、苦手な場面や不安な場面があるけど、こんなふうに工夫

受診をすすめるよりも、伴走者になる関係者

すると心が動いてチャレンジしてくれる、不安を自信に変えていってくれる」と伝える一方で、「○○君のこんな得意な面は、こんな場面で伸ばしていけますよ」と裏づけのある事実の積み重ねを背景に、○○君の成長を共有できる準備をしていってほしいと思います。

家庭でも保育現場でも、○○君の発達特性に合った環境が用意され、支援のある日々の積み重ねさえあれば、家族は必要と判断した時に受診に踏み切ってくれるものです。

また受診はしなくとも、年長になると「わが子の特性をもっとよく知っておきたいので、小学校に上がる前に発達検査をしてみたいのですが」といった親からの申し出で、WISCやK式などの検査を実施する機会も得られます。

●適切な配慮によって園児自身が、自分の苦手さや戸惑いを解決していく力をつけていく

年少クラスから年長クラスまでの成長を追っていくと、保育現場での適切な環境調整や配慮によって、年少の春には「発達特性が見られるな、大丈夫かな?」と気になっていた園児でも、徐々に集団に入っていけるようになったり、気がつくと気にならないくらいに集団に適応して活動していけるようになる園児を筆者は多く見てきました。

年長になると、自ら見通しが立たなくて不安になった時に「先生、この次、何したらいいですか?」と聞けるようになったり、はじめての活動で戸惑いが出た時に「最初、見学しています」と自ら言えたり、イライラしてきた時に「(時計の針)○○まで、○○で過ごしてきます」と保育士に許

可を得てクラスから自ら出ていける力がついてきて、成長したなと痛感させられる園児もたくさん見てきました。

そうしたなかで、年少の頃は「できれば早く家族と面談の機会をもって、就学相談の対象として学校につなげていかなくては」と焦っていたものが、ここまで成長してくれれば、学校での配慮事項を申し送る程度でよいかもしれないという状況になります。

年長の1年間をかけて じっくり入学準備

A君のお母さんとは、年中の3月の面談で、年長の1年間じっくり就学相談を進め、A君が不安なく入学できるための準備をしていくことの共通理解を得ることができました。

年長になり、翌年入学予定の小学校の春の運動会では、「来入児旗拾い」の事前練習をすることで、スムースに小学校の運動会に参加でき、6月の入学に向けての発達検査でも、事前に、検査をする校舎内のクラスを見学し、当日は、担当保育士が付き添い別室で不安感なく検査を受けることができました。

その後、小学校での音楽会や発表会に年長さんが招かれる際には、お母さんと事前に手順や作戦を立てて参加することで、小学校が不安な場所でなくなっていきました。A君は、卒園式後、小学校の入学式のリハーサルを済ませ、入学式当日は大きな戸惑いなく過ごし、順調な1年生のスタートをきることができました。

付録

「私たちを支えてくれる支援について」

保健師さんをキーパーソンに どのような支援チームが 市町村にできているか

皆さんの働く保育園の市町村には、次の①～⑤のような取り組みがありますか？

①1歳半健診や3歳児健診で発達の気になる乳幼児とその家族に対して、保健師さんがていねいに関わり続けている。必要によって、フォローするための子育て相談の場や療育グループが用意されている。

②年少で保育園に入園してくる発達が気になる園児に関しても、入園前からどのような対応がなされていて、どのような相談や訓練がなされてきたか、医療機関や療育機関とのつながりはどうか、そうした情報が保育園にも提供されている。必要に応じて、入園前の事前面談でお母さんも含めてていねいに情報共有がされている。

③保育園に入園すると、保健師をキーパーソンとした支援チーム（保健師、心理職、ST・OT・PTなどの療育スタッフ、就学相談の担当者等）が定期的に保育園に訪問して、対応方法などのカンファレンスに加え、園での成長の様子や必要な支援、家庭へのフォローなどが継続的に行われている。

④年中の後半から年長にかけては、就学に向けての相談が開始され、教育委員会の就学相談担当者が中心になり、就学先の見学や体験も含め、家庭とていねいに進められている。

⑤さらに、卒園、そして入学が近づいてくると、学校での支援方法について、それまでの保育園での支援も含めてきちんと学校に引き継がれている。また、必要に応じて入学式の初日から戸惑わないよう、入学式のリハーサルや事前の見学なども実施されている。

皆さんの働く保育園の市町村がこのような、①〜⑤にかけての取り組みをていねいに進めている地域であれば、保育園は、安心して発達障害のある子の保育に専念することができます。皆さんの地域では、この①〜⑤の中で、できている部分と不十分な部分、どのような取り組み、連携がなされているでしょうか。

取り組みがていねいにできている地域では、保健師などが中心となって、療育教室や「○○訓練の場」が増えていったり、お母さんの子育ての応援のためのペアレントトレーニングやお友だちとの関わり方を学ぶセカンドステップやSST（ソーシャルスキルトレーニング）の場面なども誕生していったり、保育園の現場にも保健師や就学相談担当者が出向いて支援する機会が増えているはずです。

地域にこのような支援の仕組みがないと、どんなに保育園で発達障害のある子の支援に取り組み、クラスづくりに力を注いでも、次につながらない一過性の取り組みで終わってしまいます。

このような取り組みが不十分な地域であれば、ぜひ、市町村の保健師さんや就学相談担当者と情報交換の場をもち、つながりを深め、定期的に保育園に出向いてきてほしいという要望を伝えてみてください。

どのような関係機関や支援スタッフに応援してもらえばいい？

保育園等に外部の関係機関の専門スタッフが出向いて発達障害のある子ども等への支援について

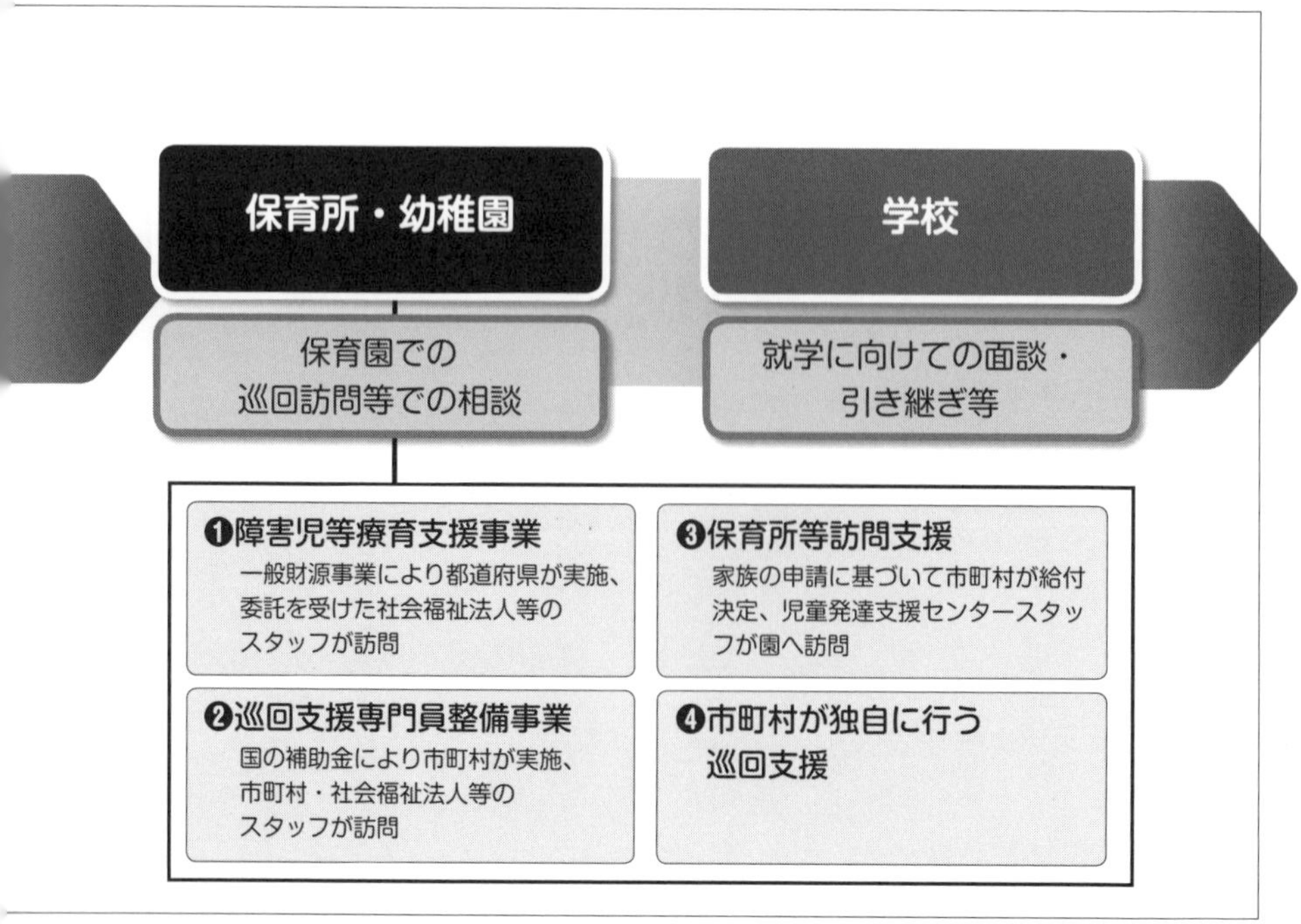

保育所・幼稚園
学校
保育園での巡回訪問等での相談
就学に向けての面談・引き継ぎ等
❶障害児等療育支援事業
一般財源事業により都道府県が実施、委託を受けた社会福祉法人等のスタッフが訪問
❷巡回支援専門員整備事業
国の補助金により市町村が実施、市町村・社会福祉法人等のスタッフが訪問
❸保育所等訪問支援
家族の申請に基づいて市町村が給付決定、児童発達支援センタースタッフが園へ訪問
❹市町村が独自に行う巡回支援

保育士さん等に助言や指導ができる事業として、次のようなものがあります（図参照）。

①障害児等療育支援事業（都道府県等の一般財源事業）
②巡回支援専門員整備事業（国の補助事業）
③保育所等訪問支援（個別給付事業）
④市町村が独自に行う巡回支援

①障害児等療育支援事業

この事業は、平成15年度に国の補助事業として廃止されてからは、都道府県事業として継続されている県もあれば廃止になってしまった県もあります。もし、皆さんの地域に「療育コーディネーター」などの名称で、事業が委託されている社会福祉法人に所属して活動しているスタッフがいれば、保育園に出向いてくれる力強い応援団になっ

てくれるはずです。

②巡回支援専門員整備事業

発達障害などに関して知識をもつ専門員（心理職やＳＴ・ＯＴなど）が保育園等に巡回する事業です。しかし、この事業は、市町村が「実施したい」と手をあげて県から箇所付け（予算配分）してもらわないと実施できない事業です。

③保育所等訪問支援

児童発達支援センターのスタッフが保育園に出向いて支援する事業です。これは、家庭が、「わが子の保育園等での支援をさらによくしていきたいので、ぜひ、児童発達支援センターのスタッフに保育園に出向いてもらいたい」と市町村に申請して決定を受ける手続きを経て、支援員の保育園の訪問が実現するという申請者（家庭）への個別給付事業です。

皆さんの地域で、この①〜③の事業のどれかが行われているでしょうか。

現状ではどの事業も、市町村に問い合わせてみたら実態がないという地域が多いのではないかと思います。

平成24年度から制度化された「保育所等訪問支援」も現状では、家庭からの申請が少なく、地域の児童発達支援センターでも事業実績があまりないのが実情です。

しかし、地域の児童発達支援センターが「保育所等訪問支援」のサービスメニューをもっているのであれば、保育園から家庭に働きかけ、市町村への給付申請を相談してみるのもひとつの方法です。

①〜③の事業がまったくない地域であれば、巡回支援等の必要性を市町村の保健師さんなどと共

有し、④の市町村が独自に行う巡回支援事業の実施、そのための予算化を要望してほしいと思います。

ちなみに、筆者が現在、保育園に出向くことができているのは、「障害児等療育支援事業（長野県の一般財源事業）」「発育発達相談事業（筆者の地域の市町村が独自に予算化した事業）」「保育士対応力向上研修事業（長野県が独自に予算化した事業）」の3つの事業根拠からです。

これも、市町村の保健師さんなどと密接に関係をつくっていくなかで、市町村担当者が「こういう事業が今後は必要だ」「ぜひ、自分の市町村でも実現したい」と思ってもらわないと実現しません。

この機会に、皆さんの地域の関係機関の連携や事業がどのようになっているのか検証していただき、少しでも取り組みが前進するように働きかけ、そのきっかけをつくってほしいと思います。

あとがき

　筆者は、朝9時頃に保育園にうかがい、お昼頃まで保育士さんと加配保育士さんの連携によるクラスづくりの様子と対象児への関わり、その双方に注意を払いながら観察し続けます。

「活動を開始しようとする際の保育士のタイミングの図り方、園児へのアプローチの仕方、このそもそものボタンのかけ違いをどう説明しようか」「保育士さんがよかれと思って関わっているあの時の対応について、『あっ、そうか』と得心してもらえるようにどう話そうか」……、午後1時から始まるカンファレンスに向けて、約1時間、筆者はさまざまに思いめぐらします。ある意味では、ここが一番苦痛な時間です。

「『じっとしていて』『待っていて』と言っても、すぐに離席してしまうんです」「言えばわかる子なんです。それなのに、すぐに手が出ちゃうんです」と実情を話される保育士さんに、「○○先生も、『じっとしていて』『待っていて』と言われたら、じっとして待ちますか?」と尋ねた時に、怪訝な顔をされる保育士さんに、筆者はこう言います。

「ほら、先生は『待って』って言われた時に、状況の全体を理解し、『あっ5分くらい待つのか』と判断して、携帯やスマホを見始めるでしょ。お地蔵さんのようにただじっとしてないでしょ」

「先生は、待つ間どのような活動でその時間を埋めるか、あるいは、有効に使うかといった作業記憶が働くでしょ」

「○○君も、その作業記憶をもつことができれば待てるんですよ」

「むしろ、注意欠如多動症的な子ほど、待つことはできないけど、待つ『取り組み』なら誰よりも頑張れちゃうんですよ」と話します。

この時、何かがひらめいたという顔をされる保育士さんに出会うと「あっ、やっていける」とほっとします。

それは、声がけや指示だけではうまく動けない子、心がけや注意だけでは適切に動けない子に対して、だから、保育士としての専門性が必要なんだ、と気づいてくれた瞬間です。

そこに気づいてくれた保育士さんは、次回の訪問の際には、自信をもって園児に関わる保育士さんに変わり、クラスも見違える風景になっています。

その変化に出合うと、「この仕事も、まんざらでもないわ」と筆者はうれしさがこみあげてきます。

ある新人の保育士さんが、「福岡先生、私は卒園式の時に『先生大好き』と言ってもらいたくて保育士になったんです。でも、今は、その子が大きくなった時に『先生のおかげで自信がつきました。自信をつけてくれた先生の《専門性》に感謝です』と言ってもらえる保育士になりたいと思ってるんです」と話してくれました。

この本が、そうした保育士をめざす方たちの助けになってくれたらうれしいです。

今回も、多くの実践のヒントを与えてくださった長野県内の保育園・幼稚園のスタッフの方々、そして、またしても、素敵なイラストを多忙ななか描いてくださった竹内奏子さんに感謝します。ありがとうございました。

福岡　寿

２０１５年８月

●著者プロフィール

福岡　寿（ふくおか　ひさし）

　1981年東京大学文学部を卒業後、「金八先生」にあこがれて中学校の教師に。その後、知的障害者施設「長峯学園」の指導員となる。1992年、現在の相談支援専門員のはしりとなる地域療育等支援事業のコーディネーターとなる。その後、保育園等の巡回訪問指導の日々となり、1998年に「北信圏域障害者生活支援センター」を立ちあげる。2003年より５年間、当時の田中康夫県政のもとで、社会部障害者自立支援課の専門員を兼務し、長野県における、知的障害者施設「コロニー西駒郷」の地域生活移行の取り組みに関わる。

　現在、長野県内で発達障害児の療育支援システムづくりに取り組みつつ、日本相談支援専門員協会顧問として障害者の相談支援体制づくりを進めている。

　著書に「こうすればできる！　発達障害の子がいる保育園での集団づくり・クラスづくり」（エンパワメント研究所）、「施設と地域のあいだで考えた」〈共著〉「コーディネーターがひらく地域福祉」、〈編著〉「僕らは語り合った障害福祉の未来を」（以上、ぶどう社）、「地域生活のススメ」（Ｓプランニング）など。

すぐに役立つ！
発達障害の子がいる保育園での集団づくり・クラスづくり Q&A

発行日　2015年9月25日　初版第1刷（5,000部）
　　　　2020年6月25日　初版第2刷（1,000部）
著　者　福岡　寿
発　行　エンパワメント研究所
〒201-0015　東京都狛江市猪方 3-40-28　スペース96内
TEL/FAX 03-6892-9600
https://bit.ly/2UIqr0v
e-mail：qwk01077@nifty.com
編集・制作　七七舎　　装幀　石原雅彦
印刷　シナノ印刷（株）

ISBN978-4-907576-39-4　C3036